はじめに

みなさんは、これまでに研修や仕事を通して、銀行の基本的な仕事について習得してきたと思います。少し銀行業務全体を振り返ってみましょう。

銀行には、預金・融資・為替という3つの基本業務があります。
1. **預金業務**は、預金者の資産を管理・保管する業務で、預金者から信用を受けてお金を預かるところから、**受信業務**といいます。お客さまからお預かりした預金は、お客さまの生活・事業資金に貸し出されます。受信業務には、預金業務、定期積金業務、掛金業務があります。
2. **融資業務**は、貯金業務で集められた資金を、資金を必要とする企業や個人に資金を貸し出す業務で、貸出先に信用を与えるところから、**与信業務**といいます。与信業務には、貸出（手形貸付・証書貸付）、手形割引、当座貸越等があります。
3. **為替業務**は、お金の持ち運びをしないで、金融機関を通じて、お金の貸し借りを決済したり、お金の移動を行う仕組みのことです。これを決済業務といいます。すべての民間金融機関への振込、代金取立等の内国為替業務をはじめ、各種口座振替、公金・公共料金等の収納事務などの**決済業務**を行っています。

また、以上3つの基本業務以外に、クレジットカード業務、国債（個人向け国債・新窓販国債）等の窓口販売業務、両替、貸金庫等の業務を行っています。

本書では、これらの業務について、「**お客さまの立場で整理する**」ことを試みて、銀行業務の基本を把握したいと思います。

お客さまが銀行で取引をするのは、「教育資金にするためにお金をためたい」「老後の生活のためにいまあるお金をふやしたい」「住宅を建てたいのでお金を借りたい」「お金を家族に遺したい」など、**人生の資金面での目的に対応するため**です。銀行が提供する**商品やサービス**は、これらの目的を実現する手段です。

ですから、銀行員は「最初に商品を決めて売る」のではなくて、「お客さま

が何を望んでいるのか」をきちんとお聞きして、そのニーズに合った商品やサービスを提供していくことが必要になってきます。いつでも**お客さまの立場でものが考えられる銀行員であること**が**大切**なわけです。

　あわせて正確な事務を行うためには、「先輩がこうしていたから真似してやった」というように手順を覚えるだけでなく、何を根拠にそうしているのか、その背景となる**法律や銀行の事務ルールなど**を押さえておくことが大切です。

　各章のまとめでは、「**法律やルールなどをまとめ**」ていきたいと思います。より**法令等の遵守（コンプラインス）**ができる銀行員となりましょう。

　また、コンプライアンスを重視するあまり、「そういうルールになっているんですから、やってくださいよ」とお客さまに迫ったのでは、お客さまは、頭では理解しても、心情的にやりたくなくなります。**お客さまの満足度を高める**には、どのような言い方をしたら、どんな点に配慮したらよいのか、「**CS観点からの説明を加えたい**」と思います。

　今後、お客さま目線を忘れず、より一層の銀行業務の習得に努め、「あなたに相談したい」「あなたと取引がしたい」とお客さまから支持される銀行員を目指していきましょう！

　なお、貸出業務については、別売の『学習テキスト　融資業務』にまとまっていますので、あわせて勉強しましょう。

YUI Consulting　細田恵子

第❸章　銀行を便利につかう

第❹章　お金を有効に管理する

第❺章　お金をためる・ふやす

第❻章　将来にそなえる

第7章 手形・小切手をつかう

表紙デザイン・株式会社ヴァイス

第 1 章

口座をひらく

●この章のねらい●

- 銀行に来店されるお客さまを知る。
- 取引名義人と代理人、使者について理解する。
- 預金契約の法律的な意味を知る。
- 銀行事務取扱い上の留意点を把握する。
- お客さまが便利につかう預金商品の概要を把握する。
- 新規口座開設の流れを把握する。

お客さまは、社会人になって給料を受け取るために口座を開設したり、会社を起こしたときなどにお金の出し入れをするため会社の口座を開きます。日常的なお金の出し入れに口座を使っていただく、口座振替で公共料金等の引き落としをするなど、生活に密着した取引を行い、当行をメインバンクとして活用していただくことはとても重要です。

　それでは、銀行にはどのようなお客さまがいらっしゃるのでしょうか。お客さまのタイプ別に確認をしておきましょう。

1．いろいろなお客さま

1 個人（自然人）のお客さま

　個人のお客さまは、基本的にどのお客さまも取引をいただきたい大切なお客さまであることは言うまでもありません。しかし、お客さまによっては、そのお客さまの保護のために限られた取引のみを行っていただいたり、口座名義人とは別の人に取引をしていただく場合があるので注意をしましょう。

　お客さまが銀行で預金取引を行うことは、法律行為の1つです。法律行為を有効に行うためには、次の3つの能力を持っている必要があります。

❶権利能力

　権利能力とは、法律関係の当事者となって、権利を取得したり義務を負うことのできる能力をいいます。民法は、「私権の享有は、出生に始まる」（3条1項）と規定していますが、これは、権利能力が出生に始まり、死亡によって消滅することを意味しています。

❷意思能力

　意思能力とは、行為の結果を判断するに足るだけの精神能力をいいます。意思能力の有無は個々の行為ごとに判断され、その行為のときに精神に異常があったり、泥酔していたり、あるいは幼児などのように判断能力がなかったとみられるときは、意思能力がない状態での法律行為として、無効とされます（民法3条の2）。

❸行為能力

　権利能力や意思能力があるからといって、個人が単独で完全に法律行為がで

きるかといえば、そうではありません。完全に有効な法律行為ができるために
は、自分のなした法律行為の内容や結果を単独で確定的に自己に帰属させる能
力がなければならないからです。この能力を**行為能力**といいます。

2 制限行為能力者

　未成年者や、精神疾患や認知障害を患っている人のように、取引による利害
得失などを判断する能力が不十分な人は、そのままでは大きな損失を被るよう
な取引を行ってしまう危険性があります。

　そこで、このように法律行為を行うために必要な判断能力が十分に備わって
いない人を保護する仕組みとして、民法は一定の条件を設けてその条件に当て
はまる人を保護しています。この条件に当てはまる人のことを**制限行為能力者**
といい、具体的には、未成年者、成年被後見人、被保佐人、被補助人が該当し
ます。

❶未成年者

　18 歳未満のお客さまのことで、おこづかいなど自由に使うことを許された
財産を処分する場合や、仕送りのように学費・生活費として渡された財産を目
的に従って処分する場合など一定の例外を除いて、取引には**法定代理人の同意**
が必要です。通常、法定代理人には親御さんなどの親権者がなります（独立し
て事業を営む場合は、その営業に関しては単独で取引することができます）。

　ただし、未成年者が十分な判断ができないまま、お金を借りてしまい後々の
返済に苦労するなどということがないよう、未成年者の保護のために、後述す
る総合口座取引や貸出取引などは未成年者とは行いません。たとえば、新規に
口座をつくる場合にも、未成年者のお客さまには、総合口座ではなく、普通預
金口座を開設していただきます。

　未成年者との取引の際には、上司や先輩に確認するようにしましょう。

❷成年後見制度

　認知症、知的障害、精神障害などの理由で判断能力が不十分な人は、預貯金
などを管理したり、身のまわりの世話のために介護などのサービスや施設への
入所に関する契約を結んだり、遺産分割の協議をしたりする必要があっても、
自分でこれらのことをするのが難しい場合があります。また、自分に不利な契
約であってもよく判断できずに契約を結んでしまい、悪徳商法の被害に遭うお
それもあります。このような判断能力が不十分な人たちを保護し、支援する仕
組みとして、**成年後見制度**があります。

☞民法 4 条・5 条

民法の改正により、
2022 年 4 月から、
成年年齢が 20 歳か
ら 18 歳に引き下げ
られました

判断能力が不十分な
人たちを保護し支援
する仕組み

成年後見制度は、大きく分けると、法定後見制度と任意後見制度の２つがあります。

法定後見制度は、「後見」「保佐」「補助」の３つに分かれており、制度を利用するためには、判断能力などご本人の事情に応じて後見開始、保佐開始、補助開始の審判を家庭裁判所に申し立てる必要があります。審判が確定すると、家庭裁判所が選任した援助者（成年後見人等）が法定代理人となって取引をすることができます。お客さまご本人（成年被後見人等）に代わって成年後見人等が取引にいらっしゃったときには、その旨の届出をしていただきます。

任意後見制度は、ご本人の判断能力が不十分になったときに、ご本人があらかじめ結んでおいた任意後見契約にしたがって、任意後見人がご本人を援助する制度です。

取引の際には、成年後見人等であることの確認や、取引内容が代理権の範囲内であるかなど、さまざまなチェックが必要となりますので、成年後見人等の届出が出ている場合には、上司や先輩の確認を得るようにしましょう。

成年後見制度のあらまし

区　分	本人の判断能力	援助者
後　見	欠けているのが通常の状態	成年後見人
保　佐	著しく不十分	保佐人
補　助	不十分	補助人
任意後見	本人の判断能力が不十分になったときに、本人があらかじめ結んでおいた任意後見契約にしたがって任意後見人が本人を援助する。	

③ 法人のお客さま

預金の申込みをするお客さまは、必ずしも個人ばかりではなく、会社や団体の場合もあります。

この会社や団体は、法律上個人と同じように独立した人格（これを「法人格」といいます）が認められているものがあります。この法人格を認められている会社や団体を**法人**といいます。

株式会社など法人との取引は、**代表権限のある人**と行います。法人の種類と取引の相手となる代表権者については別表のとおりです。通帳の表紙に会社名だけを印字する（例：株式会社Ａ商事）のか、代表権者の名前まで印字する（例：株式会社Ａ商事 代表取締役 鈴木一郎）のかは、銀行によって異なりま

法人との取引は代表権限のある人と行います

主な法人の種類と取引の相手方

法人の種類				取引の相手方
公法人	都道府県 市町村 特別区			知事 市町村長 区長
法人	私法人	非営利法人	公益法人	公益社団法人・公益財団法人 （一般社団法人・一般財団法人の うち，公益性の認定を受けた法人）	特別法により法人になる	理事・代表役員など
				学校法人 宗教法人 医療法人 社会福祉法人 特定非営利活動（NPO）法人		
			中間法人	協同組合 労働組合		代表理事　　など
		営利法人	株式会社	株式会社	会社法によって法人になる	代表取締役
				特例有限会社^(注)		取締役（代表取締役）
			持分会社	合名会社		社員
				合資会社		社員（業務執行役員）
				合同会社		代表社員

（注）2006年の会社法施行に伴い有限会社は廃止され、新たに有限会社を設立することはできなくなりました。これに伴い従来からある有限会社は、商号に「有限会社」の文字を使用しながら、株式会社として会社法の施行後も存続できることとなりました。このような会社を「特例有限会社」といいます。

すので自行のルールを確認しましょう。　　　　　　　　　◀◀要確認！

4 法人格のない団体

　世の中には、法人格のある株式会社などと違い、法人格がなく、また個人でもない団体がたくさん存在します。

　マンションの管理組合やPTA、同窓会のような法人格を有しない団体と取引をするときには、原則として、その団体を代表する人を明確にしていただき、**団体名と代表者名と代表者の印鑑を届け出**ていただき、代表者を取引の相手方として、預金名義も団体代表者として取引をします。

2. 取引名義人と代理人・使者

1 取引名義人

　預金取引は、**本人名義**でするのが原則です。芸能人や作家などのお客さまから、通称やペンネームで取引をしたいとの申し出があったときには自己の判断で応じるのではなく、上司に相談して指示を仰ぎましょう。

取引は、本人名義でするのが原則

2 代理人・使者

❶代 理 人

☞民法99条以下

　代理人とは、本人に代わって、代理権の範囲内で自らの判断により行動できる人のことをいいます。銀行取引上は、「**代理人届**」を提出していただいている人と考えてよいでしょう。

　正式に届け出ていただけば、取引者本人に代わって代理人の氏名と代理人の届出印で取引ができます。

　代理人届を提出すれば本人に代わって取引ができてしまうわけですから、申し出時には以下に注意して慎重に取り扱います。

〈代理人との取引の注意点〉

● 真に「取引先本人から」権限の授与が行われているかを確認します。
● 取引者本人からの申出により「代理人届」を提出してもらいます（届出は、代理人ではなく、取引者本人が申し出ます。もし代理人が自由に出せるのであれば、「わたしが○○さんの代理人になりました」と申し出て、他人の口座を悪用することが可能になってしまいます）。
● 届出書には代理人が行う取引を具体的に記入してもらいます。
● 代理人についての届出内容の変更は、必ず取引者本人から申し出てもらいます。

代理人届は取引者本人が提出します

❷使 　 者

　銀行の窓口には、妻が来店して「この夫の通帳からお金をおろしたい」など、本人に代わって代理の人が取引にいらっしゃる場合がありますが、正式な

代理人届を出しておらず、本人の意思表示をそのまま伝達するだけの人を**使者**といいます。使者には、代理人と異なり意思決定の自由がありません。

　使者は、あくまでも取引者本人の氏名と届出印で取引をしますので、その取引が本当に本人から頼まれて行っているのか、使者が勝手にやろうとしているのか判断が難しいところです。しかも、取引者本人と使者の性別が異なる、年齢が大きく違うなどのときには、本人でないことは一目瞭然なので、万が一事故の場合でも、銀行としては「本人だと思っておろしました」などと言い逃れをすることはできません。そこで、取引者本人に「**使者を受任者とする委任状**」を書いていただき、委任状により取引者本人からの依頼で取引に来ていることを確認します。どの取引のときに委任状をいただくかはマニュアル等を確認しましょう。

　また、次の点に注意して判断が難しいときには、上司や先輩の指示を仰ぐようにしましょう。

〈使者との取引の注意点〉

- 盗難通帳などの疑いがある場合は、取引店ではなく僚店（ネット）でお金をおろすケースが多いので、通帳をよく見て取引店を確認します（確認したら、「いつも○○支店（取引店の名前）でのお取引をありがとうございます」など、日常取引のお礼を言いましょう）。
- これまでに自店に取引に来たことがあるか、通帳内容を見て確認します（たとえば、いつも勤務先の近くの支店でネット取引をしているなど、日常からネット取引をしている場合には安心度が増します）。
- 異性取引、普段と違う人が来店した、不審であるなどのときには、使者自身の本人確認をするほか、本人に対する意思確認をしたり、状況を伺うなどしたうえで、独断で判断せずに上司に相談します。

取引者本人の意思なのか確認をします

◀◀ 要確認！

3. 預金契約とは

　ここでは、お客さまが取引をする預金取引とは、法律的にはどのような契約になるのかを確認しましょう。

① 消費寄託契約

☞民法666条

　銀行は、お客さまのお金を預かります。このように、物を保管する契約を「**寄託契約**」といい、預かったものを返すときには、本来はそのまま返さなければなりません。

　しかし、銀行はお客さまから預かった金銭をそのまま保管しているのではなく、貸出用の資金に使ったり、他の預金者の払戻金として使用（消費）していますので、お預かりした1万円札や100円玉をそのまま返すわけではありません。お客さまから**預金の払戻請求を受けたときは，請求額に相当する別の金銭を返還**すればよく、預かったときのお札やコインそのものを返還する必要はないわけです。このように、預かった物（金銭）を消費し、同等の物（同額の金銭）を返せばよいという契約を**消費寄託契約**といいます。

② 預金契約は要物契約から諾成契約へ

　契約には諾成契約と要物契約の2種類があり、契約を結ぶ者の間の合意だけで成立するのが**諾成契約**、合意だけでなく契約の目的物の授受がないと成立しないのが**要物契約**です。

　これまで預金契約は、預金者と銀行との合意だけでなく、金銭の授受があってはじめて成立する要物契約とされていましたが、2020年4月1日施行の民法（債権関係）改正により、定期積金などと同様、金銭等の授受がなくても双方の合意があれば契約が成立する**諾成契約**に改められました。たとえば、2020年4月以降に窓口で新規預金口座開設の申込みがあったときには、金銭の預入れがなくても、窓口担当者が申込みを承諾した時点で預金契約は成立します（ただし、窓口での預金口座の開設は、通常、現金による入金を伴います）。

③ 預金規定

　預金規定は、銀行において預金の預入れや払戻し、解約、利息などについて

定めたものです。一人ひとりのお客さまと預金の契約書を取り交わすのは大変なので、あらかじめ契約内容をまとめています。規定は、ホームページなどに掲載して、お客さまがいつでも見ることができるようになっています。預金取引は、この規定をもとにして行うわけですから、きちんと理解しておくようにしましょう。

どれも大切なことばかりです

4.　事務取扱い上の留意点

具体的な取引や商品の話の前に、お客さまが取引にいらっしゃって、窓口や後方などで事務処理をするときの全般的な留意点を整理しておきましょう。

1 基本的な心構え

事務の基本は「**正確**」「**迅速**」「**丁寧**」です。この中で、新入行員がまず押さえるべきことは「**正確な事務処理**」です。

まずは正確に

お客さまの大切なお金を扱うのですから、間違いがあってはなりません。自分の事務処理は、必ず**自己チェック**をして確認するようにします。

また、自分1人で判断できないときは、**上司の指示を仰ぐ**ことが必要です。何でもかんでも最後まで1人で行うことが責任のある仕事とはいえません。独断で間違った処理をしているようでは仕事の責任は果たせないのです。上司への報告、連絡、相談を忘れないようにしましょう。

独断せず上司に確認します

2 事務手続の遵守

正確な事務を行うために、銀行では、事務手続の基本的なルールを**事務手続マニュアル**にまとめています（マニュアルの名称は銀行によって異なります）。事務の確認をするときには、まめにマニュアルを開きチェックするようにしましょう。

◄◄ 要確認！

3 現金の取扱い

お客さまの大切な現金を取り扱うときには、**現金その場限り**が原則です。

現金その場限りとは、万が一過不足があった場合、後からでは証明することが難しいため、現金の授受は**お客さまの面前で行う**というものです。

❶現金授受の基本ルール

● カウンターに置かれた現金の管理責任は窓口担当者（銀行）にあります。現金が置かれたら、直ちにお客さまの面前で金額を確認して安全なところへ移します。

● 現金は、2回数えます（二算）。2回のうち1回はタテ読みを入れます（ヨコ読みでは、1枚1枚のお札が見えないので、券種確認ができないため）。

タテ読み　　　　　　　　　ヨコ読み

札勘は何度も練習をして、正確に早くできるようにします

● 大量の紙幣や硬貨の入金の場合は、お客さまの面前で数えることが難しいので、次のような対応をします。

① 後ろの機械で数える旨、お客さまの了解を得る

② お客さまの面前でおおよその金額を数え、入金伝票の金額と大差がないか確認する

③ お客さまに待ち時間を伝え、過不足が生じた場合の取扱いについても説明する

④ 出納の機械で計数のうえ、入金伝票の金額と一致していれば入金する（万が一お客さまの記入した伝票と異なっていた場合には、上司や先輩に報告して、再計算などを行い調べる）

❷新券・損券・損貨の取扱い

● **新券**とは、日本銀行で印刷されてから、はじめて銀行に渡され市中に出回る新しい紙幣のこと。

● **損券**とは、損傷した紙幣（損券のうち、欠損した紙幣は「欠損紙幣」）のことです。次の表のように、欠損紙幣がいくらの価値があるかはお札の面

積によって変わります。

欠損紙幣の引換基準

表裏両面が備わり	券面積が3分の2以上残っているもの	券面金額の「**全額**」と引換え
	券面積が5分の2以上3分の2未満残っているもの	券面金額の「**半額**」と引換え

　損傷の程度により損券かどうかの判断が難しい場合は、独断で処理せず上司の指示を受けましょう。また、欠損紙幣の引換基準を満たすものであっても、次の①〜④に該当する紙幣は**日本銀行の鑑定**を受けます。

　①　数片に破れ細片を張り合わせたもの

　②　左右片が貼り違いのものなど引換金額の認定が困難なもの

　③　洗濯、腐食などにより判別がつかないもの

　④　価値の判別について不明確なもの

　万が一、セロテープなどで貼りあわせた紙幣を扱う場合には、お札の左右の番号チェックを必ず行うようにしましょう。

偽造・変造でないか確認します

●**損貨**とは、損傷した硬貨のことです。硬貨は紙幣のように破れたり焼けたりして面積が減ることを想定していないので、面積による引換基準はなく、鑑定の結果は、**全額か失効**のいずれかです。

　受け入れ時に、流通の過程で自然に摩損した、火災などで変形したものなどは入金処理をせず、日本銀行に持ち込み鑑定を受けます。

❸引揚券の取扱い

　現在は発行されていない昔の紙幣を**引揚券**（ひきあげけん）といいます。自分自身で見たことがないものは、それが本物の紙幣かどうかの判断が難しいので、上司などに確認してもらいましょう。

4　伝票の取扱い

❶伝票の役割

　伝票は、経理上の記録書類であり、取引の証拠書類でもある重要な書類です。お客さまに記入していただくときには、間違いがないように丁寧な説明をし、事務処理後はきちんと保管します。

❷代筆の禁止

　原則的に、伝票は**お客さまご自身**に記入していただきます。お客さまが書いた伝票が保存されていれば、処理の正当性を説明できるからです。

 重要

ときどき、「代わりに書いてくれないか」と代筆を依頼されることがありますが、代筆は、法律的には「準委任」とみなされ、窓口担当者は「善良な管理者の注意義務」をもって事務を処理する必要がありますので、慎重な対応が必要です。上司に確認をしてからにしましょう。

📖 **用語解説：準委任**
　　法律行為以外の事務の委託をすることをいい、民法の委任の規定（民法643条以下）が準用されます。委任とは、依頼する者（委任者）が依頼を受ける者（受任者）を信頼して、法律行為をするなど事務を処理することを依頼し、受任者がこれを引き受けることによって成立する契約です。受任者は、善良な管理者の注意をもって委任事務を処理する義務を負います。

📖 **用語解説：善良な管理者の注意義務**
　　受任者の職業、専門家としての能力、社会的地位などからみて一般的にもたなければならないような注意のことをいいます（民法644条）。この注意義務を怠ると、債務不履行による損害賠償責任を負わなければならないことがあります。

　視覚障がいがある、手が使えないなどやむを得ない事情によりご自身で書くことのできないお客さまについては、次の点に注意して代筆を行います。　　　　　代筆する必要がある
　　①　役席者の事前承認を得る　　　　　　　　　　　　　　　　　　　　　ときは、上司に確認
　　②　役席者（第三者）に立ち会ってもらう　　　　　　　　　　　　　　してから
　　③　お客さまの意思確認を十分に行い、お客さまの面前で代筆する
　　④　代筆者、代筆理由、代筆者の係印、役席の検印など、その時の状況を伝
　　　　票上に記入しておく（後日紛議が生じた場合に有効といえる）
　代筆に関しては、原則的にどんな取扱いをしたらよいのかルールを決めている銀行が多いので、自行の取扱いルールを確認しておきましょう。　　　　　　◀◀要確認！

❸なぞり書き、訂正の禁止

　なぞり書きや訂正があると、後日トラブルとなった場合、銀行が改ざんしたものではないことを立証するのが困難です。万が一、お客さまが伝票を書き損じてしまった場合には、書き直してもらうか、訂正印を押捺してもらいましょう。

　なお、金額や氏名は、訂正印による書き直しを受け付けることができませんので、伝票を書き直していただきましょう。

5　通帳や証書の取扱い

❶証拠証券としての通帳・証書

　通帳や証書は、預金契約が成立してお客さまの預金債権が存在することを証明する**証拠証券**です。お客さまが金銭を預け入れている事実を証明する重要な書類ですから、事務処理後は記載内容に誤りがないことを十分に確認する必要があります。

　また、未使用の通帳・証書は、外部に持ち出されることがないよう、厳格に在庫管理を行います。

❷免責証券としての通帳・証書

　金融機関は、お客さまから預金の払戻請求を受け付けた場合、通帳・証書の提出を求め、**払戻請求書に使用された印影と届出の印鑑との一致**をもって取引者であることを確認して払戻しに応じますが、預金規定には、払戻請求書等の書類に偽造、変造その他の事故があっても、そのために生じた損害について金融機関は責任を負わない旨の**免責約款**が定められています。無権利者に支払ってしまったとしても、**悪意**または**重大な過失**のない限り、金融機関は免責されることになっていることから、通帳や証書は**免責証券**の性質もあるとされているのです。

悪意☞ 事情を知っていること

　しかしこれは、払戻請求書に押された印影とお客さまの届出印鑑とを単に照合すればそれでいいというわけではありません。少し注意してみれば違った印影であることがわかるのに支払ったりしたような場合には、この規定は適用されません。金融機関が責任を免れるためには、**相当の注意**をつくし、かつ**善意・無過失**である必要があります。万が一、金融機関に過失があるとみられたり、正当な預金者でないことを知って支払った場合には、責任を免れることはできません。

善意☞ 事情を知らないこと

6　印鑑の取扱い

　印鑑については、まず3つのことばの意味を押さえましょう。
- ●印章：「はんこ」そのもの
- ●印影：伝票などに押された印章の跡
- ●印鑑：取引開始前にあらかじめ届け出ていただく印影

　お客さまに対しては、一律「印鑑」ということばで対応をすることが多いようですが、事務のマニュアルや預金規定などにはこの3つがきちんと使い分け

て書かれていますので、注意して文章を読むと理解が深まります。

❶お客さまの印章は、たとえ一時的であっても預かってはならない

お客さまの印章をお預りしてしまうと、たとえば、お客さまから見えないところで出金伝票を偽造してお金をおろして懐（ふところ）に入れたと疑われても、そんなことをしていないと証明するのが難しかったり、時間がかかってしまいます。なるべく疑われるような事務処理をしないことが事務の原則です。

疑いのない事務処理を行います

❷印鑑照合の重要性

前述したように、預金規定には、「払戻請求書、諸届その他の書類に使用された印影を届出の印鑑と**相当の注意をもって照合**し、相違ないものと認めて取扱ったうえは、それらの書類につき偽造、変造、その他の事故があっても、そのために生じた損害については、責任を負わない」と書いてあります。印鑑照合はそれだけ重要な事務ということです。

「合っているだろう」という通り一遍の印鑑照合ではなく、ことばは悪いですが、間違った印章が使用されていないか疑うくらいの気持ちで照合するようにしましょう。自分一人で一致しているかどうかの判断がつかないときには、上司や先輩にも照合してもらいます。

❸印鑑の異例扱い

原則的に伝票の代筆を行わないのと同様に、押印もお客さまご自身にしていただくのが原則です。やむを得ず窓口担当者が代わって押印する場合は、お客さまの了解を得て、お客さまの面前で押印し、押印箇所を説明してすぐに返却するようにします。

- -

⓻ 守秘義務

重要

- -

銀行員は、仕事の性格上、お客さまの預金や貸出金といった取引内容や資産内容を知る立場にあります。これらは内部情報としては有効活用できる重要な情報ですが、外部に漏らしてはいけません。

たとえば、「○○さまにも預金してもらいました。△△さまもぜひお願いします」といったセールス・トークは、○○さまの情報を漏らすことになりますので避けましょう。

他人ばかりでなく、「うちのおじいちゃんの定期預金はいくらあったかしら」などと家族の取引状況を聞かれた場合でも、守秘義務が求められます。取引者ご本人さまからの申し出でなければお答えすることができないことを説明して、ご家族への回答は避けます。

家族にも守秘義務あり！
回答できる方法をご案内します

　定期預金の満期を迎えたときなどに、銀行からご案内の電話をすることがあります。セールスに熱心なあまり、ご本人がいらっしゃらないのに「実はご主人さまの定期預金が満期になりましたので、満期金につきましてぜひご提案をさせていただきたくお電話しました」など、取引状況を家族に話すのも守秘義務違反になりますので注意しましょう。

　また、時には、お客さまから電話で残高を確認したい、振込があったか確認したいという申し出があります。しかし、電話照会の相手が預金者本人であるかを声だけで確認するのはとても難しいことです。原則的には、電話での照会には回答しないというルールを決めている銀行もあります。自行の対応方法を確認しておきましょう。　　　　　　　　　　　　　　　◀◀要確認！

　その他、お客さまに関するうわさ話を外でしないことはもちろんのこと、書類、データ、メモ類の管理もしっかりと行い、原則的には外へ持ち出さないようにしましょう。

　仕事上知り得た情報は、あなたの家族であっても話してはいけません。帰宅後くつろぎながら「今日、近所の○○さんが来て預金をたくさんしてくれたよ」などと話を漏らさないように注意しましょう。

5.　つかう預金

　ここまで、銀行にはどのようなお客さまがいらっしゃるか、お客さまの手続をするうえで大切な事務のポイントは何なのかを見てきました。

　次に、お客さまに日常的に便利におつかいいただく商品について、概要をまとめておきましょう。

具体的には自行商品をパンフレットやマニュアルで確認しましょう

❶普通預金

　いつでも出し入れができる預金です。給与、年金などの自動受取や公共料金などの自動支払い（口座振替）にもご利用いただけます。財布代わりにつかえる預金です。

　1円以上1円単位で預けることができ、毎日の最終残高1,000円以上に対して付利単位100円で利息がつくのが一般的ですが、預入単位や利息のつき方は銀行によって異なりますので、自行の商品性を確認しましょう。　　　◀◀要確認！

❷総合口座

　普通預金と定期預金、国債がセットされた口座です。セットされた定期預金や国債を担保にして自動融資（マイナス残高になってもお金をおろすことができる**当座貸越**）ができる便利な口座です。支払う、受け取る、ためる、借りるという銀行の代表的な機能を1冊の通帳で実現できます。

支払う、受け取る、ためる、借りるを1冊の通帳で実現

　総合口座は、**個人のお客さま限定**商品で、融資取引である当座貸越がセットされているので、原則として**未成年者との取引はできません**。

　当座貸越は、総合口座契約のある定期預金残高の**90％**まで（最高限度額は200万円まで、300万円までなど銀行により異なります）、利付国債の80％、割引国債の60％まで（最高200万円までの銀行が一般的）利用することができます。貸越利率は担保になった定期預金の金利プラス0.5％という銀行が多く、定期預金が複数セットされている場合には**利率の低いものから担保**になっていきます。商品性は銀行により異なるので、自行の総合口座の仕組みを確かめておきましょう。

◀◀要確認！

❸当座預金

　お支払いに手形や小切手をおつかいいただく預金です。当座預金に、振り出した**手形や小切手の支払資金を準備**しておきます。事業用の口座としておつかいになれる、利息がつかない預金です。

❹納税準備預金

　納税資金を準備するための預金で、利息は**非課税**です。入金は自由にできますが、支払いは納税に限られています。預金者ご**本人や同居家族**が国や地方公共団体に納める申告所得税、法人税、相続税、都道府県民税、市町村民税、固定資産税などが対象です。金利は、普通預金より高めに設定されているのが一般的です。もし納税以外の目的で払戻しをすると、その払戻日が属する利息計算期間中の利息は**普通預金利率**が適用され、利息に対して**課税**されます。

❺通知預金

　預入日から一定期間（7日間以上の銀行が多い）据え置き、**支払いの2日以上前**にお知らせいただきます。利率は普通預金よりも高いケースが多いので、まとまった資金を短期間預けるのに適しています。

❻貯蓄預金

　いつでも出し入れができる預金で、お預入れいただいている**残高によって金利が高くなる**お得な預金です（普通預金のように出し入れ自由で、定期預金なみの利息がつく預金です。貯蓄預金は「つかうお金」と「ためるお金」の中間

点にある預金と言ってよいかもしれません）。給料や年金を**自動受取**したり、公共料金などの**自動支払い**にはご利用いただけ**ない**ので注意してください。

❼決済用普通預金

普通預金とほとんど同じ商品性ですが、**利息がつかない**ことが異なります。

万が一、金融機関の経営が破たんした場合、お客さまの預金は元本1,000万円までに限って**預金保険制度**で守られますが、決済用普通預金は**全額保護**される商品として用意されました（預金保険制度については後ほど出てきます）。　☞ p.72

---

6. 新規口座開設の流れ

次に、お客さまが日常的につかうお金などを入れておく流動性のある預金口座の開設手順と受付のポイントをみていきましょう。

・・

① 新規口座開設の流れ

・・

自動窓口受付システム「♪ピンポン♪　○番でお待ちのお客さま〜、△番の窓口へどうぞ〜」

テ ラ ー「大変お待たせいたしました。こちらへどうぞ」

（お客さまがカウンターに近づいて来る）

テ ラ ー「いらっしゃいませ（❶）」

お客さま「通帳をつくりたいのですが……」

テ ラ ー「<u>どうもありがとうございます</u>（❷）。本日は、**<u>お客さまご本人さまのお口座の作成</u>**でいらっしゃいますか（❸）」

お客さま「ええ、わたしのです」

テ ラ ー「かしこまりました。失礼ですが、**<u>わたくしどもの銀行では初めてのお取引</u>**（❹）でいらっしゃいますでしょうか」

お客さま「そうですけれど……」

テ ラ ー「それはどうもありがとうございます。本日は、お取引にお使いになるハンコと**<u>お客さまご本人さまを確認させていただく顔写真付きの書類、免許証か何かお持ちでしょうか</u>**（❺）」

お客さま「ハンコはこれで……、免許証を持ってます」

テ ラ ー「ありがとうございます、拝見いたします。（免許証を見て）こちら

の番号を控えさせていただいてよろしいですか」

お客さま「はい、いいですよ」

テ ラ ー「ありがとうございます。番号を含めまして、**お客さまからいただく
情報はこちらの利用目的に使わせていただきます**（❻）。どうぞお読
みください。（免許証の番号を控える）鈴木さま、口座開設にあたり
まして、いくつか確認させていただいてもよろしいでしょうか。ま
ず、こちらの**外国 PEPs** ですが……。（外国 PEPs の範囲の図があれ
ばそれを示して）**こちらのご家族の範囲で、**（外国の要職を示して）
このような外国の高い公的地位の方はいらっしゃいますか（❺）」

お客さま「いいえ、いません」

テ ラ ー「それでは、こちらにチェックをお願いいたします。続きまして、**ア
メリカの国籍やグリーンカードをお持ちだったり、お住まいがアメリ
カにあるということはございますか**（❼）」

お客さま「いいえ、国籍は日本ですし、アメリカに住んでもいません」

テ ラ ー「かしこまりました。では、こちらにチェックをお願いいたします。
次に居住国は（❼）……」

お客さま「日本だけです」

テ ラ ー「ありがとうございます。こちらにチェックいただき、ご署名をお願
いします」

お客さま「はい」

テ ラ ー「こちらは**反社会的勢力でないことの表明です**（❼）。お読みいただ
いて、該当しなければ、下にお名前の記入をお願いいたします」

お客さま「はい、書きました」

テ ラ ー「お手数をおかけいたしました。次に、こちらが口座開設の申込書で
す。（生年月日で未成年者でないことを確認して）**総合口座の開設で
よろしいでしょうか**（❽）」

お客さま「ええ」

テ ラ ー「では、こちらの太枠内のご記入をお願いいたします」

テ ラ ー「本日は、**おいくらでおつくりいたしましょうか**（❾）」

お客さま「とりあえず、1,000 円で」

テ ラ ー「お預かりいたします。（現金を確認して）たしかに 1,000 円お預かり
いたします。（記入済みの口座開設申込書を確認して）**キャッシュカー
ドも一緒におつくりしてよろしいでしょうか**（❿）」

お客さま「つくってください」

テ ラ ー「ありがとうございます。それではこちらに、暗証番号をお願いいた
　　　　　します。万が一紛失したときの事故防止のために生年月日や電話番
　　　　　号、車のナンバーなど、わかりやすいものは避けて、数字4桁でお
　　　　　願いします（❿）」

お客さま「はい（伝票を差し出す）」

テ ラ ー「ありがとうございます」

テ ラ ー「鈴木さま、こちらのお口座は、公共料金のお支払いか何かにご利用
　　　　　ですか」

お客さま「いいえ、そういうわけじゃ……」

テ ラ ー「それではお給料のお受け取りか何かに……」

お客さま「ええ、就職したものですから」

テ ラ ー「それはおめでとうございます。そうしますと、ご職業は会社員、お
　　　　　取引の目的は給与の受け取りということでよろしいでしょうか（❺）」

お客さま「はい」

テ ラ ー「公共料金の引き落としなどのお手続は……」

お客さま「親と一緒だから……」

テ ラ ー「それはよろしいですね。いろいろとご記入をありがとうございまし
　　　　　た。それではお通帳を作成いたしますので、よろしければ、こちらに
　　　　　あるわたしどもの取扱い商品の案内資料をお読みになって○分ほどお
　　　　　待ちいただけますでしょうか」
　　　　　（顧客情報開設と総合口座通帳作成）

テ ラ ー「鈴木さま、鈴木いづみさま、お待たせいたしました」

お客さま「はい」

テ ラ ー「大変お待たせいたしました。こちらが、本日おつくりした通帳で
　　　　　す。（表紙の名前を指して）漢字のお名前、（表紙裏のカナ氏名を指し
　　　　　て）スズキイヅミさま、（取引明細のページを出して）ご入金額をご
　　　　　確認ください（⓫）。（通帳、ビニールの通帳入れ、粗品などをお渡し
　　　　　する）」

お客さま「どうも……」

テ ラ ー「キャッシュカードは、1週間ほどでお届けのご住所に書留郵送させ
　　　　　ていただきます。暗証番号の変更はATMでも可能ですのでご利用
　　　　　くださいませ。いま、キャッシュカードは、お買物の際にはデビット

カードとしてご利用いただけますので、どうぞこちらのリーフレット
をお読みください」

お客さま「はい、どうも」

テ ラ ー「またのご来店をお待ちしております（⑫）。本日はどうもありがと
うございました」

2 新規口座開設のポイント

❶自動窓口受付システムと迎え入れの挨拶

自動窓口受付システム「♪ピンポン♪　○番でお待ちのお客さま～、△番の窓
口へどうぞ～」

テ ラ ー「大変お待たせいたしました。こちらへどうぞ」

（お客さまがカウンターに近づいて来る）

テ ラ ー「いらっしゃいませ」

　➡自動窓口受付システムによって、機械がお客さまの呼び出しをする銀行が
多いと思いますが、お客さまがカウンターに近づいていらっしゃったら、
こちらから声をかけて挨拶しましょう。

❷取引のお礼

お客さま「通帳をつくりたいのですが……」

テ ラ ー「どうもありがとうございます。……」

　➡数ある金融機関の中から、自行・自店を選んでくださったわけですから、
口座を作りたいというお客さまの申し出に対しては、「ありがとうござい
ます」のお礼をきちんと言いましょう。
「そうですか、それでは伝票にご記入ください」などと、お礼も言わずに
事務処理のことばかり考えてしまいがちですので注意しましょう。

❸名義確認

テ ラ ー「……本日は、**お客さまご本人さまのお口座の作成**でいらっしゃいま
すか」

お客さま「ええ、わたしのです」

● まずは、どなたの口座をおつくりになりたいのかを確認しましょう。ご本
人の口座か、夫や子供などご家族の口座か、会社の口座かなどによって、
口座名義もどなたの取引時確認をするのか変わってきます。

　① 　口座名義人と来店者が同一の場合　➡　通常の個人取引

口座名義人の取引時確認を行います。

② 　法人取引、代理人取引の場合

　　口座名義人と来店者（取引担当者）が異なる場合には、双方の取引時確認が必要となります。

　たとえば、法人取引の場合には、口座名義人は法人であるため、登記事項証明書等の公的証明書による**法人の本人特定事項と取引担当者（代表者等）の本人特定事項の確認**が必要となります。取引担当者であることの確認は、法人の委任状その他の書面を持っていること、法人の代表権のある役員として登記されていること、電話等による確認、金融機関がその法人と取引担当者との関係を知っていることにより行います。

　また、個人の代理人取引の場合には、口座名義人の取引時確認とともに、取引担当者の本人特定事項の確認が必要となります。

　　※口座名義人が国、地方公共団体、上場企業等である場合には、取引担当者の本人特定事項の確認のみを行います。

❹新規顧客であるか確認

テ ラ ー「かしこまりました。失礼ですが、**わたくしどもの銀行では初めてのお取引でいらっしゃいますでしょうか**」

　➡新規顧客か既存客により、取引時確認の必要性などが変わってきます。

❺取引時確認

テ ラ ー「……本日は、お取引にお使いになるハンコと**お客さまご本人を確認させていただく顔写真付きの書類、免許証か何かお持ちでしょうか**」

お客さま「ハンコはこれで……、免許証を持ってます」

　➡取引時確認の「本人特定事項の確認」のために、まずは写真付きの本人確認書類をお持ちか伺っています。

テ ラ ー「……鈴木さま、口座開設にあたりまして、いくつか確認させていただいてもよろしいでしょうか。**まず、こちらの外国PEPsですが**……。（外国PEPsの範囲の図を指し示して）**こちらのご家族の範囲で、**（外国の要職を示して）**このような外国の高い公的地位の方はいらっしゃいますか**」

　➡外国PEPsに該当すると、ハイリスク取引として、より厳格な取引時確認が求められます。

テ ラ ー「……**ご職業は会社員、お取引の目的は給与の受け取りということで**

よろしいでしょうか」

　　➡会話の中から、取引時確認で必要な「職業」「取引の目的」を把握して、
　　　お客さまに確認しました。

〈犯罪収益移転防止法〉

● 犯罪収益移転防止法は、**マネー・ローンダリング**（資金洗浄、麻薬売買な
　ど不正な手段で得たおカネの出所や真の所有者をわからなくすること）
　や、爆弾テロ、ハイジャックなどの**テロ資金供与**を防止するために制定さ
　れた法律です。

〈法律で求められていること〉

● 犯罪収益移転防止法では、以下の5つを求めています。

　①　**取引時確認**
　②　取引時確認にかかる事項、取引時確認のためにとった措置等に関する
　　　記録（**確認記録**）の作成、保存（取引終了後7年間保存）
　③　お客さまの確認記録を検索するための事項、取引の期日・内容等に関
　　　する記録（**取引記録等**）の作成、保存（取引が行われた日から7年間保
　　　存）
　④　**疑わしい取引の届出**
　⑤　**取引時確認等を的確に行うための措置**

〈取引時確認〉

● お客さまと取引を行うに際して、仮名取引やなりすましによる取引の防止
　のため、運転免許証などの公的証明書により、お客さまの**本人特定事項**
　（個人の場合は氏名・住居・生年月日、法人の場合は名称・本店または主
　たる事務所の所在地）のほか、**取引の目的、職業（個人）、事業内容と取**
　引担当者・実質的支配者の本人特定事項（法人）を確認すること（取引時
　確認）が求められています。

● **法人の実質的支配者**とは、法人の意思決定に影響力を持つ者であり、株式
　会社などでは25%を超える議決権を保有する者または出資、融資、取引
　その他の関係を通じてその法人の事業活動に支配的な影響力を持つと認め
　られる者とされています。他方、議決権の多寡で運営されない法人におい
　ては、法人の収益総額の25%超の配当を受ける者または出資、融資、取

引その他の関係を通じてその法人の事業活動に支配的な影響力を持つと認められる者とされます。なお、これらの者がいない場合には、その法人を代表し、業務を執行する者が実質的支配者とされます。

〈取引時確認が必要な取引〉

重要

● 次の取引の際には、取引時確認をします。

① 口座開設、貸金庫、保護預りなどの取引の開始

② 200 万円を超える現金・持参人払式小切手などの受払いを伴う取引

③ 10 万円を超える現金による振込（国や地方公共団体への各種税金・料金の納付、電気・ガス・水道料金の支払いや学校の入学金・授業料の支払いは除く）をするとき、10 万円を超える現金を持参人払式小切手により受け取るとき

④ 融資取引をするとき

　※　200 万円以下の現金取引や 10 万円以下の現金振込であっても、1 回当たりの取引の金額を減少させるために取引を分割したものであることが一見して明らかであるもの（たとえば、その場で 15 万円の現金振込を 8 万円と 7 万円の振込に分けるなど）は、1 つの取引とみなし、取引時確認を行わなければなりません。

　※　電話料金や NHK の受信料の支払いについては、居住実態や事業実態に即してサービスが供給されているわけではないため、取引時確認が必要とされています。

● 取引時確認を行わなくてもよい取引であっても、マネー・ローンダリングまたはテロ資金供与その他犯罪に関与している疑いのある取引については、**疑わしい取引の届出対象**となります。

● また、①取引時確認事項の真偽に疑い（本人特定事項の虚偽通知・名義人へのなりすまし等の疑い）等がある顧客との取引、②マネー・ローンダリング対策が不十分と認められる特定国等（イランと北朝鮮）に居住している顧客との取引、③外国 PEPs（Politically Exposed Persons, 外国の元首等重要な公的地位にある者およびその家族）との取引など、マネー・ローンダリングに利用されるおそれが特に高い取引（**ハイリスク取引**）の場合には、改めて**より厳格な確認**が必要となります。さらにその取引が 200 万円を超える財産の移転を伴う場合には、資産および収入の状況の確認も必要です。

本人確認書類と本人特定事項の確認方法

【個 人】

	本人確認書類	本人特定事項の確認方法
①	● 運転免許証（運転経歴証明書）、在留カード、特別永住者証明書、マイナンバーカード注1（住民基本台帳カード注2）、旅券（パスポート）注3等 ● 上記のほか、官公庁発行書類等で本人特定事項（氏名・住居・生年月日）の記載があり、顔写真が貼付されているもの	原本（コピーの提示は不可）の提示を受ける。
②	● 各種健康保険証、国民年金手帳、母子健康手帳、取引を行う事業者との取引に使用している印鑑にかかる印鑑登録証明書 等	原本の提示を受けるとともに、 ⅰ）書類に記載されている顧客の住居宛に通帳やキャッシュカードなど取引にかかる文書を書留郵便等により、転送不要郵便物等として送付する。 または ⅱ）提示を受けた書類以外の本人確認書類（②または③の本人確認書類に限る）または補完書類（納税証明書、社会保険料領収書、公共料金領収書等。6カ月以内に発行されたものに限る）の提示を受ける。 または ⅲ）提示を受けた書類以外の本人確認書類または補完書類の送付を受ける。
③	● ②以外の印鑑登録証明書、戸籍の附票の写し、住民票の写し・住民票記載事項証明書 ● 上記のほか、官公庁発行書類等で本人特定事項の記載があり、顔写真のないもの（マイナンバーの通知カードを除く）	原本の提示を受けるとともに、書類に記載されている顧客の住居宛に取引にかかる文書を書留郵便等により、転送不要郵便物等として送付する。

注1：マイナンバーカード、各種健康保険証、国民年金手帳の提示を受けた場合には、以下の点に注意が必要です。
    ・個人番号（マイナンバー）の利用範囲は税・社会保障関係などに限定されているので、カードの裏面をコピーしたり、個人番号を記録しない。
    ・国民年金手帳の基礎年金番号や健康保険証の保険者番号、記号・番号は告知を求めることが禁止されているので、記録しない。写しをとる場合は番号にマスキングをする。
注2：住民基本台帳カードは、その効力を失うとき）、または、マイナンバーカードの交付を受けるときのいずれか早いときまでは、本人確認書類となります。
注3：2020年2月4日以降に発給申請されたパスポートについては、現住所等を記載する所持人記入欄が削除されたことから、住居の記載のある他の本人確認書類等を提示する必要があります。

【法 人】

本人確認書類	本人特定事項の確認方法
● 登記事項証明書、印鑑登録証明書 ● 上記のほか官公庁発行書類で本人特定事項（名称、本店または主たる事務所の所在地）の記載があるもの	法人の代表者等から原本の提示を受ける方法（代表者等の本人特定事項の確認も必要）

〈本人特定事項の確認をする書類（本人確認書類）〉　　　　　　　　重要

● お客さまとの対面取引の場合、個人・法人とも別表に掲げる書類で確認します。有効期限のある公的証明書については、提示または送付を受ける日に有効なものである必要があります。また、有効期限のない公的証明書については、**提示または送付を受ける日の前6カ月以内に作成されたもの**に限られます。

● 本人特定事項の確認を行う場合に、顧客または代表者等の現在の住居等が本人確認書類と異なる場合または住居等の記載がないときは、**他の本人確認書類や補完書類**（納税証明書、社会保険料領収書、公共料金領収書等。領収日付の押印または発行年月日の記載のあるもので、その日付が提示または送付を受ける日の前6カ月以内のものに限る）の提示を受け、またはこれらの書類もしくはその写しの送付を受け、現在の住居等を確認する必要があります。

〈本人確認書類のコピー〉

● 免許証などの本人確認書類は、番号を記録するルールと、お客さまの了承　　◀◀要確認！
を得てからコピーを取り保存するルールがあります。自店の方法を確認しておきましょう。コピーを取ることは法律では義務づけられていません。

● コピーを取った際には、当然のことながらお客さまの情報管理をしっかりとすることが大切です。

● マイナンバーカードを提示された場合、カードの裏面をコピーしたり、メモするなどにより個人番号を取得することは禁じられていますので注意しましょう。

❻**個人情報の利用目的の確認**

テラー「……番号を含めまして、**お客さまからいただく情報はこちらの利用目的に使わせていただきます。どうぞお読みください**」

〈個人情報保護法〉

● あらかじめ**利用目的**をできる限り特定し、その利用目的の達成に必要な範囲内でのみ個人情報を取り扱う。

● 個人情報は**適正な方法**で取得し、取得時に本人に対して**利用目的の通知・公表等**をする（個人情報保護法は、本人への通知・公表を求めているだけ

ですが、個人情報保護委員会・金融庁の「金融分野における個人情報保護に関するガイドライン」は、利用目的について、本人の同意を得ることが望ましいとしています）。

● あらかじめ**本人の同意**を得なければ、第三者に個人データを提供してはならない。

個人情報の通知・公表の仕方は、利用目的を記載した文書を交付する、ポスターを貼りだすなど金融機関によって異なりますので、自店の方法を確認しましょう。　◀◀要確認！

❼ FATCA、居住国、反社会的勢力でないことの表明

テ ラ ー「……続きまして、<u>アメリカの国籍やグリーンカードをお持ちだったり、お住まいがアメリカにあるということはございますか</u>」

〈FATCA〉

FATCA（ファトカ）とは、米国の税法である外国口座税務コンプライアンス法（Foreign Account Tax Compliance Act）の略称です。FATCA は、米国の納税義務者が、海外（米国以外）の金融機関の口座を利用して米国の税金を逃れることを防止するために制定されました。

FATCA は米国以外の金融機関も影響を受けるため、日米当局は FATCA が日本の国内法に抵触することなく円滑に実施されるよう相互に協力することになっており、日本国内の金融機関は、はじめて預金口座を開設する際や米国への転居する際、お届けいただいている現住所が米国国内である場合等に米国の納税義務者等（米国人等）であるかを確認することが求められています。

「米国人等」に該当し、米国税務当局への報告対象となるお客さまは、次のとおりです。

【個人の場合】

• 米国市民（米国籍をお持ちのお客さま）
• グリーンカード保有者（米国の永住権をお持ちのお客さま）
• 米国に居住しているお客さま

【法人の場合】

• 米国で設立された法人など
• FATCA の枠組みに参加しない金融機関など
• 主として投資事業を行う法人などのうち、米国人等の主要株主を有する法

　人など

テ　ラ　ー「次に**居住国は**……」

お客さま「日本だけです」

テ　ラ　ー「ありがとうございます。こちらにチェックいただき、ご署名をお願
　　　　　いいたします」

〈居住国〉

　外国の金融機関等を利用した国際的な脱税および租税回避に対処するため、OECD（経済協力開発機構）において、非居住者にかかる金融口座情報を税務当局間で自動的に交換するための国際基準である「共通報告基準（CRS：Common Reporting Standard）」が公表され、日本を含む各国がその実施を約束しました。

　この基準によって、各国の税務当局は、自国に所在する金融機関等から非居住者が保有する金融口座情報の報告を受け、租税条約等の情報交換規定に基づき、その非居住者の居住地国の税務当局に対しその情報を提供します。

　金融機関では、新たに口座開設等を行うお客さまから居住地国名等を記載した届出書を提出していただき、居住地国を特定し税務署へ報告する必要があります。

テ　ラ　ー「こちらは**反社会的勢力でないことの表明**です。お読みいただいて、
　　　　　該当しなければ、下にお名前の記入をお願いいたします」

〈反社会的勢力でないことの表明〉

　普通預金・定期預金・当座勘定などの各種預金規定やその他の取引の規定等には、社会の秩序や安全に脅威を与える暴力団等の反社会的勢力を排除する旨の条項（暴力団排除条項）が定められています。

　この条項により、新たにお取引をお申し込みいただく際には、「反社会的勢力ではないことの表明・確約に関する同意書」を提出いただくこととし、本表明・確約に関する同意をいただけない場合は、お取引をお断りさせていただくほか、すでにお取引いただいている場合でも、預金者や契約のご本人等が暴力団等の反社会的勢力であることが判明するなどした場合には、解約等の対象となります。

❽預金種類の確認

テ ラ ー「次に、こちらが口座開設の申込書です。（生年月日で未成年者でないことを確認して）**総合口座の開設でよろしいでしょうか**」

➡総合口座なのか普通預金なのか、預金の種類を確認します。お客さまが未成年者の場合（制限行為能力者に該当する場合）には、「普通預金でいらっしゃいますね」とお勧めします。

❾金額の確認

テ ラ ー「本日は、**おいくらでおつくりいたしましょうか**」

お客さま「とりあえず、1,000円で」

➡振り込み詐欺に使われるなど事件性のある取引防止のためにも、現金をいただきましょう。

❿キャッシュカード作成の確認

テ ラ ー「……**キャッシュカードも一緒におつくりしてよろしいでしょうか**」

お客さま「つくってください」

テ ラ ー「ありがとうございます。それではこちらに、暗証番号をお願いいたします。万が一紛失したときの事故防止のために**生年月日や電話番号、車のナンバーなど、わかりやすいものは避けて、数字4桁でお願いします**」

➡暗証番号のアドバイスも忘れずにお伝えします。

⓫取引内容の確認

テ ラ ー「こちらが、本日おつくりした通帳です。（表紙の名前を指して）**漢字のお名前**、（表紙裏のカナ氏名を指して）**スズキイヅミさま**、（取引明細のページを出して）**ご入金額をご確認ください**（通帳、ビニールの通帳入れ、粗品などをお渡しする）」

➡取引を担当した自分が確認をすることはもちろんのこと、お客さまにもご確認いただくように促すひと言を加えます。

⓬送り出しの挨拶

テ ラ ー「**またのご来店をお待ちしております**。本日はどうもありがとうございました」

➡機械的な「ありがとうございました」にならないように、ひと言を添えて丁寧にお客さまを送り出します。

●まとめ●

- 第1章では、銀行に来店されるお客さまのタイプを理解して、**民法**で保護している制限行為能力者については法定代理人や成年後見人等が取引者本人に代わって取引をすること、法人は代表者との取引であることを学びました。代理人と使者の違いについて理解し、取引に際しては、必要に応じて**銀行のルール**に従った取引時確認をすることが大切です。

- 受付にあたっては、現金その場限り、代筆禁止などの**事務取扱上の留意点**を守って行います。

- 取引上知り得たお客さまの情報は、**銀行のルール**に従い守秘義務を守ります。個人のお客さまの情報に関しては、**個人情報保護法**でも「お客さまの同意を得ないで第三者に情報を提供していけない」などのルールが決められています。

- お客さまが便利につかう預金商品については、自行のパンフレットや**商品説明書**でも確認をしておきましょう。

- 新規口座開設の際には、**犯罪収益移転防止法**に基づく取引時確認を行います。

 第 1 章　確認テスト

問題　次の文章を読んで、正しいものには〇印を、誤っているものには×印を（　　）の中に記入しなさい。

（　　）1．未成年者のお客さまと貯金取引を開始する際には、総合口座を開設していただきます。

（　　）2．現金を取り扱うときは、現金その場限りの原則にのっとり、お客さまの面前で少なくともタテ読みを 1 回入れて二算します。

（　　）3．高齢者のお客さまが取引をなさる場合には、伝票は代わりに記入してあげたほうが、CS の観点から親切です。

（　　）4．総合口座は、セットされている定期預金などを担保に自動融資ができる口座で、定期預金を複数セットしていた場合には、貸越利率の低いものから担保設定されていきます。

（　　）5．預金口座の開設の際には、振り込め詐欺など事件性のある取引防止のためにも、現金をお預け入れいただくようにします。

☞**解答は 143 ページ参照**

第 ❷ 章

口座をつかう

●この章のねらい●

- 入金処理の流れと受付のポイントを把握する。
- 出金処理の流れと受付のポイントを把握する。
- お客さまが利用するさまざまなサービス内容を知る。

お客さまは、口座を開設すると、その口座を利用してお金を銀行に預ける、給料や年金を受け取る、必要なときにはお金をおろす、公共料金や家賃などを口座からの引落しで支払うなど、さまざまなことに口座を便利につかいます。

　お客さまの使い勝手が良いサービスにはそのようなものがあるか、口座を利用した銀行の日常的なサービスについてみていきましょう。

1．お金を預ける

　お客さまが口座にお金を預けるためには、窓口で入金伝票と現金により取引を依頼したり、ATM で預け入れたりすることが可能です。ここでは、窓口でのお預入の流れを追いかけてみましょう。

1 入金処理の流れ

テ ラ ー「いらっしゃいませ、お待たせいたしました。雨の中、ご来店ありがとうございます」

お客さま「これ、お願いします（通帳と伝票、現金を差し出す）」

テ ラ ー「お預りいたします。確認いたしますので、このままお待ちくださいませ」

　　　　　（通帳と伝票の口座番号や氏名が一致しているか、伝票の金額と現金が一致しているかなど確認する）

テ ラ ー「山本さま、本日は <u>10 万円のお預入れでいらっしゃいますね（❶）</u>。どうもありがとうございます。それでは、お手続をいたしますので、おかけになってお待ちいただけますでしょうか」

　　　　　（入金手続をする）

テ ラ ー「山本さま、山本一郎さま～」

　　　　　（お客さま、カウンターまでお越しになる）

テ ラ ー「山本さま、お待たせいたしました。こちら 10 万円のお預入れですね。どうぞお確かめくださいませ」

お客さま「ありがとう」

テ ラ ー「どうもありがとうございました。雨ですので、お足元にお気をつけてお帰りくださいませ。ありがとうございました」

2 入金処理のポイント

❶取引内容の確認

テ ラ ー「山本さま、本日は **10万円のお預入れでいらっしゃいますね**。どうもありがとうございます。それでは、お手続をいたしますので、おかけになってお待ちいただけますでしょうか」

　　　➡復唱確認をして、**通帳と伝票の口座番号や氏名が一致**しているか、**伝票の金額と現金が一致**しているかなどを確認します。ただし、特に金額は他のお客さまに聞こえないように配慮して、場合によっては伝票をさして「こちらの金額ですね」などの言い方をします。

❷現金その場限り

　現金は、「現金その場限り」の原則にのっとり、お客さまの面前で二算をして確認します。また、多額の入金の場合には、資金原資は何かの確認も行います。「多額のご入金をありがとうございます。こちらはどちらかでの満期金か何かですか」など失礼がないよう丁寧にお聞きしましょう。 ☞ p.18

2. お金を引き出す

1 出金処理の流れ

テ ラ ー「いらっしゃいませ。本日はどのようなご用件でいらっしゃいますでしょうか」

お客さま「お金おろしたいんですけれど（通帳と伝票を差し出す）」

テ ラ ー「**ありがとうございます**（❶）。確認いたしますので、このままお待ちくださいませ」

　　　　　（通帳と伝票の口座番号や氏名が一致しているか、伝票の金額、**押印などを確認する**（❷））

テ ラ ー「山本さま、本日は30万円のお引き出しでいらっしゃいますね。どうもありがとうございます。**まとまったお金ですが、何か急なご入り用でいらっしゃいますか**（❸）」

お客さま「ええ、ちょっと……」

テ ラ ー「かしこまりました。こちらはすべて<u>1万円札でご用意してよろしい</u>
　　　　　<u>でしょうか（④）</u>」

お客さま「ええ」

テ ラ ー「それではお手続いたしますので、恐れ入りますがこちらの<u>番号札を</u>
　　　　　<u>お持ちになってお待ちいただけますでしょうか（番号札を渡す</u>
　　　　　<u>（⑤））</u>」

　　　　　（出金手続をする。特に印鑑照合は確実に行う）

テ ラ ー「山本さま、山本葉子さま〜」

　　　　　（お客さまがカウンターまでお越しになる）

テ ラ ー「山本さま、お待たせいたしました。<u>番号札を頂戴してもよろしいで</u>
　　　　　<u>しょうか。（番号札が伝票に記入していた番号と一致しているか確認</u>
　　　　　<u>する（⑤））</u>こちらの金額のお引き出しですね（通帳の金額欄を指し
　　　　　示しながら）。<u>どうぞお確かめくださいませ（⑥）</u>」

お客さま「はい」

テ ラ ー「どうぞ、<u>現金封筒をお使いくださいませ（⑦）</u>」

お客さま「ありがとう」

テ ラ ー「どうもありがとうございました。雨ですので、お足元にお気をつけ
　　　　　てお帰りくださいませ。ありがとうございました」

2 出金処理のポイント

❶出金、解約時こそお礼を

お客さま「お金おろしたいんですけれど（通帳と伝票を差し出す）」

テ ラ ー「<u>ありがとうございます</u>。確認いたしますので、このままお待ちくだ
　　　　　さいませ」

　　➡意識して応対をしないと、口座開設や入金のときばかりお礼を言って、お
　　　ろすときにはお礼がないということになりがちです。出金や解約時こそ、
　　　これまでの取引に対する**お礼**やお預入れに対する**お礼**をしっかり言いまし
　　　ょう。

❷印鑑照合は確実に

　　　　（通帳と伝票の口座番号や氏名が一致しているか、伝票の金額、<u>押印</u>　◄◄要確認！
　　　　<u>などを確認する</u>）

　　➡入金伝票と異なり、払戻伝票には届出印の押印が必要です。「相当な注意
　　　をもって」印鑑照合します。

42

❸資金使途の聞き出し

テ ラ ー「山本さま、本日は 30 万円のお引き出しでいらっしゃいますね。どう
　　　　　もありがとうございます。<u>まとまったお金ですが、何か急なご入り用</u>
　　　　　<u>でいらっしゃいますか</u>」

　　➡まとまった金額の支払いの際には、何におつかいになるのかお聞きします。
　　　お客さまのお金ですから、何につかおうとお客さまの自由なのは当然なので
　　　すが、

　　　●万が一の事故の可能性がないか、会話から察知できる。
　　　●資金使途がわかれば、お客さまに合った商品やサービスをご案内するチ
　　　　ャンスをつかめる。

　　　といった理由から、お聞きします。回答を強要するのではなく、感じよ
　　　く、さりげなく聞くことがポイントです。答えてくださらない場合には、
　　　「ご存知のように振り込め詐欺などが多いので、皆さまにお聞きしておりま
　　　す。ご協力いただけますでしょうか」などと、お客さまの取引の安全を確
　　　保するために尋ねていることを説明するなどして、協力を得ましょう。

❹希望券種の確認

テ ラ ー「……こちらはすべて <u>1 万円札でご用意してよろしいでしょうか</u>」

　　➡確認をせずに、後から「千円札で欲しかったのよ」などと希望を言われる
　　　と、お客さまをさらにお待たせすることになりますし、こちらも二度手間
　　　になってしまいます。忘れずに券種確認をしましょう。

❺番号札の意味

テ ラ ー「それではお手続いたしますので、恐れ入りますがこちらの**番号札を**
　　　　　お持ちになってお待ちいただけますでしょうか（番号札を渡す）」

テ ラ ー「山本さま、お待たせいたしました。**番号札を頂戴してもよろしいで**
　　　　　しょうか。（<u>番号札が伝票に記入していた番号と一致しているか確認</u>
　　　　　<u>する</u>**）……**」

　　➡番号札は、法律的には**免責証券**の 1 つとされています。つまり、テラー 重要
　　　（債務者＝銀行）が番号札の所持人にお金を支払った（義務の履行）とき
　　　には、その人が本当の預金者（権利者）でなくても、テラー（銀行）は
　　　免責される、という意味をもっています。

　　　　原則として、面前処理以外は番号札を交付し、伝票に番号札の番号を記
　　　入します。支払いの際にはお預りした番号札と伝票の番号の一致をチェッ
　　　クして、取引に来た方に相違ないか確認します。

　　　　出金に限らず入金その他の取引でも、いったんお客さまに窓口を離れて

お待ちいただく際には番号札を使用するケースも多いので、上司や先輩に
確認しましょう。 ◀◀要確認！

❻お客さまの確認を促す

テラー「……こちらの金額のお引き出しですね（通帳の金額欄をさし示しな
がら）。どうぞお確かめくださいませ」

　　➡お客さまの確認を促すひと言を添えましょう。

❼現金の渡し方

テラー「どうぞ、現金封筒をお使いくださいませ」

　　➡まとまった金額の場合は、ローカウンターや応接コーナーでお渡しするな
ど他のお客さまにわからないように工夫します。どのように渡すかは、支
店の来店客数やレイアウトなどによっても異なりますので、先輩に確認し ◀◀要確認！
ておきましょう。

③ 事故の多い出金取引

　出金取引は、万が一取引者本人ではない人がお金を持ち帰ってしまっても、
後からは誰がお金を手にしたのかわからないところに怖さがあります。新規口
座開設や200万円を超える入出金では取引時確認をすることが法律で求められ
ていることは学びましたが、盗難通帳などによる事故は200万円を超えたとき
ばかりとは限りません。

　銀行で多いとされる事故のケースは次のとおりです。

①　ネット（僚店）取引……悪いことをする人はばれることを恐れて顔見知
りになっていないネットで取引をすることが多いといわれています。

②　普通預金のほぼ全額の払戻し……通常は一定の残高を置いているのに今
日に限って全額の払戻しをする場合など。犯罪者は通帳で持っていても意
味がないので、事故届が出される前に早く現金にしたいといわれています。

③　定期預金の中途解約……②と同様に、犯人は満期まで待たずに早く現金
化したいので。

④　住所が遠方、少額での預金開設……振り込め詐欺などに使う口座を開設
してそれを売却するなどの犯罪では、このケースが多いといわれています。

⑤　性別が異なる、年齢が異なる人が来店……パッと見て本人ではないこと
が明らかなケースでは、後から「本人だと思っていました」と言い訳して
も通りません。

　もちろん、これらの取引がすべて事故というわけではありません。むしろ、

事故のケースはごく少数です。ごくまれにしかない事故のために、**お客さまの気分を害することなくご本人さまかどうか確認させていただくことが銀行員の大切な仕事です。**

　「お手数ですが、本日はまとまった金額のお引き出しですので、念のためご本人さまを確認させていただく書類を見せていただけないでしょうか。ご協力お願いいたします」など、やわらかい言い方をしましょう。

会話によって事故の可能性がないか察知します

　法律で規定されているケース以外の本人確認について、どのような対応を取るかは銀行ごとのルールによりますので、自行のルールを確認しておきましょう。また、ケース・バイ・ケースでの対応が求められる難しい取引でもありますので、「変だな？」と感じたら、上司に報告することが大切です。

◄◄ 要確認！

3. さまざまなサービスを利用する

　お客さまに口座をご利用いただく際には、さまざまなサービスを活用していただくことができます。

さまざまなサービスをご利用いただき、メインの銀行として活用していただきます

❶自動受取サービス
　銀行の口座を指定いただくことによって、**給与、賞与、年金などを自動的に受け取ることができる**（口座に入金される）サービスです。お客さまは、自動的に入金されるので安心です。

❷自動支払いサービス
　公共料金、税金、授業料、家賃、クレジットカードの代金などを、**ご指定の口座から自動的に支払うことができる**（口座からの引き落とし）サービスです。お客さまは支払いを忘れることがなくなりますし、銀行に行く手間も省けます。

❸キャッシュサービス
　キャッシュカード1枚で、**ATMなどで支払いや預入れ、残高照会などができる**サービスです。他金融機関のATMでも、提携している金融機関なら支払いや残高照会ができ便利です。

　忙しい現代人の必須商品となっているのがキャッシュカードでしょう。銀行では安全性を高めるために、従来の磁気ストライプ搭載のキャッシュカードからスキミングされにくいICチップを搭載したキャッシュカードに切り替え、

お客さまにも積極的にお勧めしています。銀行によっては、生体認証タイプの
キャッシュカードも用意しています。

　また、1日あたりの利用限度額を設け、万が一、紛失や盗難などによりキャ
ッシュカードが他人の手に渡り、悪用されることからお客さまを守っていま
す。限度額はキャッシュカードの機能によって異なりますので、自行の限度額
を確認しておきましょう。　　　　　　　　　　　　　　　　　　　◀◀ 要確認！

❹デビットカードサービス

　キャッシュカードをデビットカードとしてお使いいただけます。デビットカ
ードサービスとは、**デビットカード機能のついたキャッシュカードを持ったお
客さまが、加盟店で現金の支払いの代わりにカードを提示して暗証番号を入力
する**と、代金を銀行口座から「**即時決済（すぐに口座から引き落とされる）**」
するものです。

　お客さまは、現金を持ち歩かなくても買い物などができますし、口座残高の
範囲内しか使えませんので、使いすぎを防ぐこともできます。手数料はかかり
ませんので、休日に手数料のかかる引き出しをするよりもお得です。

❺ネットバンキング

　自宅にある**パソコンやスマートフォン、タブレット端末を使って銀行取引が
できる**サービスです。自宅や会社で仕事をしているお客さまなどに便利に使っ
ていただけます。スマートフォンなどの操作に抵抗のない若い世代のお客さま
や、店舗に来店する時間のない方、出張などで最寄りに支店がない場所によく
行かれるお客さまなどにお声をかけてみましょう。

❻モバイルバンキング

　携帯電話から銀行取引ができるサービスです。携帯電話の操作に抵抗のない
若い世代のお客さまや、銀行に来店する時間のない方、出張などで最寄りに支
店がない場所によく行かれるお客さまなどにお声をかけてみましょう。

❼家計簿サービス

　1カ月の収支を家計簿のように通帳に表示するサービスを用意している銀行
もあります。1カ月間のお預入金額とお支払金額の差額を計算してくれますの
で、通帳を家計簿代わりにすることができます。

　取引を集中させるほど、家計簿としての精度が上がりますので、自行をメイ
ンにお使いいただくためにもぜひご利用いただきたいサービスです。

❽ポイントサービス

　取引に応じてポイントを加算し、その**ポイントにより手数料やローン金利の**

優遇サービスなどを受けられるサービスを用意している銀行も少なくありません。取引を集中するほどお得になりますので、取引メイン化には有利なサービスです。

❾メールオーダーサービス

ほとんどの銀行で、銀行に行かなくても、**郵便で取引を申し込めるサービス**を用意しています。ATM コーナーなどに書類を置いて、閉店後のお客さまの利便性を図っています。

❿クレジットカード

クレジットカードを持ったお客さまは、加盟店で現金の支払いの代わりに、**カードを提示してサインをすること**で買い物などができます。あらかじめ指定した口座から**代金が引き落とされるのは後になる**ので、「クレジット」つまり「信用供与」カードなのです。

銀行にとっても、カード代金が引き落とされる口座であれば解約率は低いですし、家計のメイン口座にしてもらうことで、取引の拡大が図ることができます。

●まとめ●

- 入金時は、現金その場限りの原則にのっとって金額を確認し、復唱確認をして間違いがないように受け付けます。入金事務の基本をしっかりと把握しておきましょう。
- まとまった金額の出金時には、取引時確認が求められている金額ではなくとも、**資金使途を聞く**などして事故防止に努めます。お客さまの気分を害することのない言い方を工夫して、**CS**に努めましょう。
- お給料などの自動受取サービス、公共料金などの自動支払いサービスなどについても自行のパンフレットや**事務取扱マニュアル**などで確認し、お客さまのニーズに合ったサービスをご案内できるようにしましょう。

 第2章 確認テスト

問題 次の文章を読んで、正しいものには〇印を、誤っているものには×印を（　　）の中に記入しなさい。

（　　）1．入出金処理をするときには、取引内容を復唱確認することが大切です。特に取引金額は、銀行取引の要ですので、大きな声で復唱します。

（　　）2．現金入金の場合、事故の可能性が少ないので、お客さまの気分を害さないよう、資金原資などは気にせず入金します。

（　　）3．まとまった金額の出金のときには、事故防止のために「資金使途はなんですか？　わたしどもの銀行では教えていただけないとお支払いできないことになっています」といって、資金使途を聞き出します。

（　　）4．キャッシュカードを磁気カードからスキミングに強いICチップを搭載したカードに切り替えたり、1日の利用限度額を決めたりして、盗難による被害などからお客さまを守る措置をしている銀行が増えています。

（　　）5．クレジットカードは、現金を持ち歩くことなく買い物ができるのでお客さまにとって便利ですし、代金引落しがセットされている口座は解約率が低く銀行にとってもメリットがあります。

☞解答は143ページ参照

第 ③ 章

銀行を便利につかう

●この章のねらい●

- 振込と組戻し、取消し、訂正の内容と留意点を把握する。
- 納税の基本について知る。
- 代金取立の基本について知る。
- 両替の基本について知る。
- 貸金庫取引について理解する。

銀行には、口座をお持ちのお客さま以外にも、お買い物のついでに学費や家賃などを振込に来店されたり、税金を納めに来られたり、銀行を便利に使っていただくお客さまも大勢いらっしゃいます。

　これらの取引について確認をしていきましょう。

1. 振込・組戻し・取消し・訂正

1 振込の仕組み

　振込とは、送金方法の1つで、お客さまの依頼を受けて、受取人の口座のある銀行に宛ててお金を送ることです。依頼人からの委託により送金を行う銀行を**仕向銀行**（しむけ）、送金を受ける銀行を**被仕向銀行**（ひしむけ）といいます。お客さまからの依頼を受けた仕向銀行が、お客さまの指定した被仕向銀行に資金を送り、被仕向銀行が受取人の預金口座に振込金額を入金します。

● 普通預金口座から定期預金口座に資金を移す場合など、同一銀行・同一支店内の同一名義預金口座間で資金を移し換える取引は「**振替**」といいます。手数料は無料という銀行が一般的です（なお、公共料金やクレジットカードの「口座振替」は、通常の振替とは異なり、サービスを提供している銀行が、契約に基づいて支払い等のために他の口座へ資金移動を行うものなので「振替」という言葉が使われ、手数料もかかりません）。

　振込の手順は、以下のようになります。

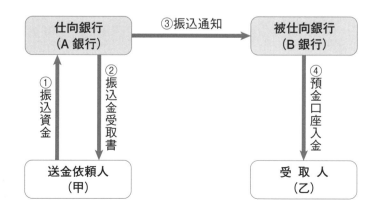

①　乙さんにお金を振り込みたい甲さんが、Ａ銀行で振込金と振込金依頼書により、Ｂ銀行の乙さんの口座に資金を振り込むように依頼します。

②　振込の依頼を受けたＡ銀行は、振込代金受領後、甲さんに「**振込金受取書**」を交付します。

③　Ａ銀行は、Ｂ銀行に対して乙さんの預金口座へ入金するように通知をします。

④　Ｂ銀行は、Ａ銀行の通知を受けて、乙さんの口座に入金します。

2 振込方法

❶電信扱い（テレ扱い）

電信扱いは、振込通知の送達手段に**全銀システム（全銀為替）**を利用する方法で、営業日の午後3時までの間に依頼が行われたものは当日中に（即時に）入金が完了します（当日扱いの締切時間以降は翌営業日の入金になります）。

①　**一般の振込**
- 振込依頼人から依頼を受けた取組日**当日**に、振込通知を発信します。

②　**先日付振込**
- 振込指定日前に、あらかじめ振込通知を発信します。
- 企業等の法人からたくさんの振込依頼を受ける場合などに、あらかじめデータをいただいておき、時間に余裕があるときに処理をしておきます。

📖 用語解説：全国銀行内国為替制度と全銀システム

全国銀行内国為替制度は、個人や企業が金融機関に振込を依頼した場合などに金融機関同士の決済を行うための仕組みです。この制度は、全国銀行資金決済ネットワーク（全銀ネット）により運営されており、そのための銀行間ネットワークシステムのことを、全国銀行データ通信システム（全銀システム）といいます。振込・送金など為替取引に関するデータの処理は、全銀システムのセンターを通じて行われます。

このうち、1件1億円以上の大口取引については、支払指図毎に決済に必要な情報がセンターから日本銀行金融ネットワークシステム（日銀ネット）に送信され、日本銀行当座預金上で即時グロス決済（RTGS）により処理されます。他方、1件1億円未満の小口取引については、センターにおいて個々の支払指図を集計したうえ、金融機関毎に受払差額を計算し、その結果を日本銀行にオンラインで送信します。この送信結果に基づき、当日の午後4時15分に、各金融機関と全銀ネットとの間で、日本銀行当座預金の入金または引落しを行うことにより最終的に決済されます。

なお、これまで全銀システムの稼動時間帯は、平日午前8時30分〜午後3時30分（12月を除く月末営業日は午前7時30分〜午後4時30分）に限られていました。2018年10月9日以降は当システムの稼動時間が拡大し、金融機関間の1件1

億円未満の当日振込について、24時間365日、即時に相手先の口座に送金することが可能なシステム環境が整いました。(日本銀行ホームページより)

❷文書扱い(普通扱い)

　為替通知の方法には、テレ為替を利用する「電信扱い」のほか、為替通知(振込票)を郵送等により授受し資金決済のみ全銀システムを利用する「文書扱い」があります。しかし、振込処理に日数を要するほか、事務負担も大きいため、振込は電信扱いのみとしている金融機関が少なくありません。

3 振込処理のポイント

　仕向銀行および被仕向銀行が振込を取り扱う場合には、次のようなことに注意しましょう。

❶仕向銀行

① **取引時確認**

- 10万円を超える現金による振込は、**取引時確認**をします。

② **振込依頼書の内容の確認**

- 「振込先の金融機関・店舗名」「預金種目」「口座番号」「受取人名」などの**記載内容を確認**。

- 「依頼人の氏名」「住所」「電話番号」などの**連絡先の確認**。特に一見(いちげん)のお客さまから振込みを受け付ける場合は、記入漏れや間違いがあると後から連絡がつかなくなってしまうので、正確に記入されているか確認します。

③ **振込通知の発信**

- 振込依頼を電信扱いで受け付けた場合には、原則として、被仕向銀行への振込通知の発信は、**当日中**に行います。

- 窓口営業時間終了近くの受付または振込事務の多忙日等やむを得ない事由で当日中の発信ができない可能性がある場合には、振込を受け付ける際に、その旨をお客さまに説明して了承を得ます。後から「間に合いませんでした」ということがないように、取引を受け付ける前に確認をしておきましょう。

 重要

受け付ける前に説明します

❷被仕向銀行

① **受取人口座への入金**

- 受取人口座への入金記帳後、受取人名、口座番号、金額などのチェックを行い、振込通知の指示通り正確に処理されたかを確認します。

② 　仕向銀行への照会

● 振込通知の記載内容に不備があった場合は、仕向銀行に照会します。

❸ 振込資金の受入れ

振込資金は、現金や自店の当座小切手、普通預金からの振替など、ただちに**現金化できるもの**に限ります。他店券による他金融機関宛の振込は取扱いができきませんので注意しましょう。

❹ 振込金受取書の発行（振込依頼書の複写により作成される）

金額欄には「￥」マークが入っているかを確認して、振込金受取書をお客さまに交付します。**受取金額**（振込金額＋消費税込みの為替手数料）**5 万円以上**の場合には、**200 円の収入印紙**を貼付し、領収判を押印します（普通預金など通帳と払戻請求書によって受け付けたものは、現金の受領にはあたらないので、振込金受取書への収入印紙の貼付は不要です）。

4 　自動機での振込促進

振込は ATM でも行うことができ、多くの銀行では、窓口で受け付けるよりも振込手数料を安くしています。お客さまには、「機械でのお振込のほうが手数料が安いですが、窓口でお受けしてよろしいでしょうか？」「手数料が安い ATM での振込になさらなくてよろしいでしょうか？」などと案内をすることも大切です。このときには、窓口で面倒くさいから機械へ誘導していると誤解されないように、お客さまにとってお得な情報をご案内する言い方にするとよいでしょう。

お客さまにお得な方法を提案します

手数料が安いだけでなく、ATM での振込では、振込先の名義が自動的に照合チェックされることも便利です。

5 　組 戻 し

振込処理を終えてから、「振込金額や振込先を間違えたので、振込を取り消して欲しい」と**お客さまに依頼された**ときには、**組戻し**の手続をとります。

組戻しの注意点は、次のとおりです。

① 　すでに受取人の口座に入金されている場合は、**受取人の了承**が必要なので、組戻しに応じられない場合があることを事前に説明してご了承いただきます。

 重要

② 　振込金受取書と**振込組戻依頼書の提出**を受けます。

● 振込依頼人本人からの申し出であることを確認します（印鑑照合、筆跡

照合をします）。

③　依頼人に組戻手数料を請求します（組戻手数料については、自店の手数料の取り決めを確認しましょう）。

④　被仕向店へテレ為替で組戻依頼電文を発信します。

⑤　被仕向店から組戻しの承諾を受け、当該金額の返戻を受けた場合、振込金受取書を回収したうえ支払います。

6 取 消 し

お客さまからの依頼ではなく、銀行側の誤発信、二重発信などのミスによる場合は、組戻しではなく**取消し**を依頼します。

取消しの手続は、仕向銀行が被仕向銀行宛に取消依頼電文を発信し、これを受けた被仕向銀行が仕向銀行に、取消承諾兼資金返送電文を発信します。

取消しは、振込の発信日の翌営業日まで発信することができます。

7 訂　　正

訂正は、仕向銀行の発信内容の誤り、またはお客さまからの依頼内容に誤りがあり、仕向銀行から発信した電文の一部を訂正する場合に行います。

仕向銀行が被仕向銀行宛に訂正依頼電文を発信して、これを受けた被仕向銀行が仕向銀行に訂正承諾電文を発信します。

組戻し、取消し、訂正の違いをしっかり把握！

2. 納税など

1 日銀代理店業務

❶日銀代理店業務とは

　日本銀行は、国の出納機関、つまり政府の銀行として、国庫金と呼ばれる国が徴収する税金や保険料などの歳入金の受入れ、各種年金や公共事業費などの歳出金の支払い、国債の発行・国債元利金の支払いなどの事務を取り扱っています。しかし、数限りある日本銀行の本支店だけではお客さまの利便を図ることができないため、市中金融機関と契約をして業務の代行をしてもらっています。

　これら、日本銀行の委託により業務代行をしている店舗が**日本銀行代理店**です。

日銀代理店は、日本銀行の業務代行をしています

① 　**一般代理店**…国庫金の受入れ・支払いや国債の元利金の支払いなど、日本銀行の本支店とほぼ同様の広範な事務を取り扱う

② 　**歳入代理店**…国庫金のうち国税や社会保険料などの歳入金の受入れのみを専門に取り扱う

③ 　**国債代理店**…国債の元利金の支払いなどを専門に取り扱う

❷歳入金の流れ

国税納付の例をみていきましょう。

① 　税務署から送付された納付関係書類を受領したお客さまは、日本銀行の代理店である銀行の窓口で現金で納めたり、口座からの引落しによって国税の納付をします。

② 　これを受けて、銀行は国税を領収済であることの通知書を税務署に送付します。また、日本銀行の本支店に対して国税受入れを報告し、税務署別の集計表を送付します。

③ 　銀行が受け入れた資金は、銀行が日本銀行に保有している当座預金から引き落とされ、政府預金へ入金されることで決済されます。

④ 　日本銀行では、銀行から送付された②の集計表を取りまとめ、受け入れた国税について税務署別の計算整理を行い、毎月、その結果を各税務署との間で照合・確認します。

❸歳出金の流れ

年金がお客さまの預金口座に振り込まれる例をみてみましょう。

① 日本年金機構が、日本銀行に対して、年金の受取人の氏名や振込先預金口座・金額の明細を記録した磁気テープ、および当該支払総額に相当する政府小切手を交付し、預金口座への振込を依頼します。

② これを受けて日本銀行は、振込先の銀行に対してこの磁気テープを交付し、預金口座への振込を依頼します。日本銀行が、指定された受取人の預金口座への振込依頼などの事務を行うことを**国庫送金**といいます。

③ 受取人に対しては、日本年金機構から振込通知が送付されます。

④ 資金決済は，日本銀行が政府預金を引き落とすとともに振込依頼先となる銀行の日本銀行当座預金に入金し、銀行が年金の受取人の預金口座に資金を振り込むことで行われます。

⑤ 日本銀行は支払った年金について計算整理を行い、毎月、その結果を日本年金機構との間で照合・確認します。

❹日銀代理店業務のポイント

お客さまは、銀行所定の**伝票**と国民年金保険料や税金などの所管官庁所定の**納付書**をお持ちになるので、両者の内容を**確認**します。複数の納付書の場合には、**それぞれの金額の合計と銀行の伝票の合計金額欄**が一致しているか**確認**します。

国民年金保険料などはあらかじめ印刷された納付書ですが、税務署分はお客さまご自身が記入した納付書なので、誤りや記入漏れがないか、ゴム印利用の場合には複写分にも押してあるかなどチェックします。

領収証書の「領収日付印」欄へ**領収印の押し忘れ**がないように注意しましょう。

・・

２ 地方公共団体の代理事務

・・

❶地方公共団体の代理事務とは

銀行は、**都道府県や市町村などの指定を受けて**、市町村民税、固定資産税、自動車税、国民健康保険料などの**公金の収納や支出事務を行います**。取り扱いは地方公共団体ごとに異なりますので、確認しましょう。◄◄ 要確認！

❷地方公共団体の代理事務のポイント

お客さまから市町村民税、固定資産税、自動車税、国民健康保険料などの納付の依頼を受けます。

自行内に取りまとめ店となっている店舗がある場合は、そこに受け入れたお金を集中します。自行内に取りまとめ店となっている店舗がない場合は、他行の取扱店に文書為替等の振込方式で取り次ぎます。具体的な取扱いは、地方公共団体によって異なりますので、自行で指定を受けている先について確認しておきましょう。　◄◄ 要確認！

公金は窓口での支払以外に、口座振替による支払いが可能なものも増えています。口座振替にしておけば、忘れる心配がありませんので、お客さまにご案内しましょう。

3 公共料金の収納事務

電気、ガス、水道などの公共料金は、銀行が**個別に公共料金収納機関と契約**をして、収納金の受入れ、払込事務を行います。

公共料金として取り扱うものは、電気、ガス、水道のほか、固定電話、NHK などです。

ときどき、支払期限を過ぎてから払込みに来店するお客さまがいらっしゃいますが、受入れできるかどうかは、各収納機関の了解が得られるかどうかで異なりますので、個別に確認しましょう。

公共料金も口座振替が可能ですので、お客さまにご案内しましょう。公共料金の口座振替がセットされている口座は、銀行にとっても解約率の低い口座として、取引拡大を期待したい口座です。

また、私立学校の授業料など**民間企業等との契約による収納事務**もたくさん　◄◄ 要確認！ありますので、支店で取扱いの多いものなど確認をしておきましょう。

4 株式配当金の支払事務

会社が、株主に対して支払う配当金を、株主1人ひとりに直接支払うのでは大変です。そこで、一定期間を区切って銀行に**支払事務を委託**しています。

❶配当金領収証による支払い

会社が株主に対して送付した**配当金領収証**（支払委託をした銀行を指定してある）により、**現金払い、口座入金**などの方法で支払います。

お客さまから提示された配当金領収証と**見本券**を照合して支払います（届出印欄に押印された印影について**印鑑照合は要しません**）。期間が指定されているので、間違いのないように確認しましょう。

❷振込による支払い

　株主はあらかじめ**株式配当金振込指定書**を銀行に提出しておき、会社は株主の指定した銀行口座に配当金を振り込む方法です。お客さまにとっては、銀行に出向いて配当金の支払いを受ける手間が省けますので、株式会社は、振込による支払いの案内をしています。

3. 代金取立

　銀行が自店取引先（取立依頼人）の依頼を受けて、手形や小切手などの証券類（取立手形など）を**お客さまに代わって取り立て**、その資金を取立依頼人の口座へ入金することを代金取立といいます。

　代金取立の対象になる証券類は、約束手形、小切手、公社債、預金証書などで、支払地が遠隔地であったり、支払期日が到来していないなどの理由でお客さまの**預金口座にただちに入金できない**ものです。実際には、約束手形と小切手がほとんどです。

1 代金取立の仕組み

① **手形の振出**

② **取立依頼**

　　取立依頼人（手形の受取人）は、取引銀行であるA銀行（委託銀行）に取立を依頼します。代金取立にあたって、A銀行は取立依頼人から所定の手数料をいただきます。

③ **取立委託**

　　依頼を受けたA銀行は、手形券面のイメージデータ（証券イメージ）を電子交換所システムに登録することにより、B銀行（受託銀行）に取立委託をします。B銀行は、電子交換所システムに登録された証券イメージおよび決済に必要なデータ（証券データ）を取得します。

電子交換所
☞ p.124

④ **支払人の口座から引落し**

　　B銀行は、支払人（手形の振出人）の口座から取立金額を引き落とします。

⑤　**資金の付替**

B 銀行は、A 銀行宛てに資金の付替をします。

⑥　**取立依頼人の口座に入金**

A 銀行は、取立依頼人の口座に入金処理します。

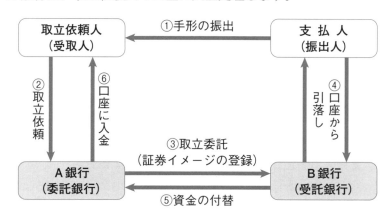

---

2 代金取立受付時のポイント

❶代金取立を依頼するお客さまの確認

代金取立は、お客さまの確認のためと、取り立てたお金はお客さまの口座へ入金されることから、原則として、自店の取引先のお客さま以外からの代金取立は受け付けません。

❷依頼された証券類は対象のものか確認

お客さまから取立依頼を受けた証券類が、代金取立の対象になるかを確認します。

❸要件のチェック

手形や小切手の要件などをチェックして、呈示期間内に取立が可能か確認します。

❹預り証の交付

お客さまに預り証を渡し、手数料をいただきます。

❺入金予定日の説明

お客さまの口座に資金が入金される日や時間は、証券の種類や取立方式によって異なりますので、いつから使える資金となるのか説明します。**入金予定日や時間**については、自行の仕組みを確認しておきましょう。　　　　　　　◀◀要確認！

4. 両　　替

1 国内両替

　両替を行う場合には、次のポイントに注意します。

❶取引内容の確認

　両替票に住所、氏名、電話番号が記入されているか、伝票金額と持参金額は合っているか、お渡しする両替金と金種は合っているかを確認します。

　両替にいらっしゃるお客さまは取引先とは限らないので、過払いミスがあった場合などに連絡が取れなくなっては困ります。

❷受け入れる現金の確認

　貯金箱にためた硬貨などを持ち込む際に、硬貨を数えずに持ち込むお客さまもいらっしゃるので、お客さまの面前で硬貨の枚数を確認するなど、金額相違や計算ミスがないように注意します。

❸手数料の説明

　最近では、一定数を超える紙幣や硬貨の両替は、お客さまから両替手数料をいただく銀行が多くなっています。自行の手数料を確認するとともに、手数料をいただく場合には、事前にお客さまに説明をして了解いただきます。　◄◄ 要確認！

2 外貨両替

　海外旅行に出かけるお客さまなどは、日本円貨から外貨への両替を希望します。また、海外旅行から帰ってくると外貨から円貨への両替ニーズが出てきます。このようなニーズにお応えして、多くの銀行で外貨両替を取り扱っています。

　扱っている外貨の種類は銀行ごとに異なりますので、自行の内容を確認しましょう。　◄◄ 要確認！

　銀行員といえ、外貨は円貨ほど見慣れていないので、偽造・変造がないかなどの確認は簡単ではありません。慎重に取り扱いましょう。

　なお、200万円を超える外貨両替の場合、犯罪収益移転防止法に基づく取引時確認が必要です。

5. 貸 金 庫

　銀行がお客さまに金庫室のキャビネットを有償で貸与し、お客さまは預金通帳や貴金属などの貴重品を保管する「付随業務」です。

❶申込手続

　お客さまから貸金庫の利用申込みがあったら、取引があるかどうかの確認をし、信用のあるお客さまにご利用いただきます。

　貸金庫取引を開始する際には取引時確認が必要となりますので、必要に応じて取引時確認をするか、取引時確認済みのお客さまであることを確認します。

　銀行所定の貸金庫使用申込書と印鑑届をいただき、鍵のうち1つ（正鍵）はお客さまに交付し、もう1つ（副鍵）は正鍵の紛失にそなえて貸金庫副鍵袋に入れて、お客さまに封をしていただいたうえで、銀行で保管します。

　契約期間は1年で、お客さまからの申し出がない限り自動的に契約延長するという銀行が一般的です。

❷開扉の手続

　お客さまが貸金庫を利用する際には、所定の貸金庫開扉票を提出していただき、印鑑照合してから、銀行のマスターキーとお客さまの正鍵により開けます。

　最近は、貸金庫カードを発行して、お客さまはカードと暗証番号により金庫室に入室し、正鍵により貸金庫を開けるという銀行も増えました。

　このように貸金庫の開扉についてはいくつかの方法がありますが、お客さまのプライバシー保護の観点から、貸金庫の開扉には行職員が立ち会わないという対応が一般的です。

📖 用語解説：付随業務

　　銀行には、預金・貸付・為替という3つの基本業務があります。基本業務以外で銀行が行っている業務のうち、債務の保証や手形の引受け、クレジットカード、両替、貸金庫など銀行法で定められている業務を「付随業務」、リース、信用保証など銀行法に定めのないものを「周辺業務」と呼んでいます。銀行は、銀行法に定めのない周辺業務を、直接営むことができないので、子会社を作って間接的に行っています。

●まとめ●

- 銀行に口座のないお客さまも、振込、納税、両替などに来店し、銀行を便利につかっていることを理解し、**感じの良い応対、正確な事務処理**で「この銀行と取引したい」と思っていただけるようにしましょう。

- 新規口座の開設や200万円を超える大口現金の受払い取引、10万円を超える現金振込などは**犯罪収益移転防止法**による取引時確認の対象であることなど、取引時のポイントをしっかりと把握し、間違いのない事務処理ができるようにします。

- お客さまからの振込取消依頼である組戻しの際には、受取人口座に入金がされている場合には了解を得られないと応じられないなど、**取引の事前に説明が必要な事柄**を忘れると、トラブルになりかねませんので、しっかりと説明するようにします。

- 納税、公共料金の収納などは、銀行の仕組みや地方公共団体ごとに事務の取扱いが異なる場合があるので、**事務取扱いマニュアル**を確認しましょう。

 第3章　確認テスト

問題　次の文章を読んで、正しいものには○印を、誤っているものには×印を（　　）の中に記入しなさい。

（　　）1．振込依頼を電信扱いで受け付けた場合、原則として、被仕向銀行への振込通知の発信は、当日中に行います。

（　　）2．10万円を超える現金振込は、犯罪収益移転防止法の取引時確認の対象取引です。

（　　）3．お客さまからの依頼で振込を取り消すときには、取消依頼を行います。

（　　）4．代金取立は、預金口座にただちに入金できない証券類が対象です。

（　　）5．両替は、銀行にとっては手間がかかる事務処理なので、取引内容の確認に手間をかけるよりは、なるべくスピーディに行って効率化を図るべきです。

☞**解答は143ページ参照**

第**4**章

お金を有効に管理する

●この章のねらい●

- ● お客さまの資産をタイプに合わせて管理する考え方を知る。
- ● 将来にそなえて資産運用することの重要性を知る。
- ● 預金の利息にかかる税金について理解する。
- ● マル優、マル特制度について理解する。
- ● ディスクロージャー誌と預金保険制度について知る。

お客さまは、銀行に口座を開いて、給与や年金などの受取りや公共料金などの支払いを便利に行っていることを学んできました。銀行は、お客さまの生活をサポートしているわけです。

　また、子供の教育費や持ち家購入資金など今後の人生で必要な資金を銀行に蓄えておくお客さまのために、しっかりとお金をお預かりすることも銀行の重要な役割のひとつです。

　特に資金使途が決まっていないお金を運用してふやしたいと考えたり、将来のそなえとして保険に加入したいお客さまのためには、相談にものります。

　ここでは、そうしたお客さまのお金の性質を学んで、資金管理の方法を把握しましょう。後々、お客さまに資産運用のアドバイスをする際などに役だってきます。

1. 資産状況を整理する

　家を建てるなどの大きな出費を控えている、退職などのような人生の節目を迎えているときなどに、資産状況を整理しておくと安心です。以下のようにお金を3つに色分けをして管理する方法は有効です。

資産運用の第一歩は
資産状況の整理から

1 流動性資金（つかうお金）を確保する

　日常の生活費や万一の病気や事故などにそなえたお金がなくなってしまうと、生活に不安が出てきます。そこで、必要時の**換金性に優れている普通預金や貯蓄預金など**に確保しておくと安心です。一般的には、月々の生活費の3〜6カ月分くらいあると安心だと言われています。

　また、病気や事故へのそなえのためには、**医療保険や損害保険**を活用することも有効です。

2 安全性資金（置いておくお金）を分けておく

　3〜5年くらいの短中期的に使う予定のあるお金は、**定期預金や国債など安全性の高い商品**にして置いておきます。つかうまでにはまだ数年あるわけですから、安全確実に置いておき、その中である程度の収益が確保できるように有効活用します。

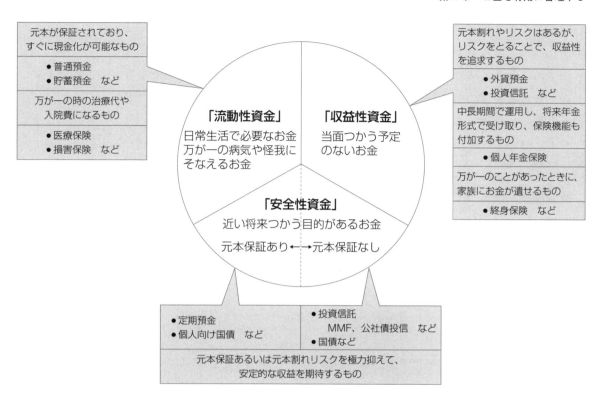

元本が保証されており、
すぐに現金化が可能なもの

●普通預金
●貯蓄預金　など

万が一の時の治療代や
入院費になるもの

●医療保険
●損害保険　など

元本割れやリスクはあるが、
リスクをとることで、収益性
を追求するもの

●外貨預金
●投資信託　など

中長期間で運用し、将来年金
形式で受け取り、保険機能も
付加するもの

●個人年金保険

万が一のことがあったときに、
家族にお金が遺せるもの

●終身保険　など

「流動性資金」
日常生活で必要なお金
万が一の病気や怪我に
そなえるお金

「収益性資金」
当面つかう予定
のないお金

「安全性資金」
近い将来つかう目的があるお金

元本保証あり ←→ 元本保証なし

●定期預金
●個人向け国債　など

●投資信託
　MMF、公社債投信　など
●国債など

元本保証あるいは元本割れリスクを極力抑えて、
安定的な収益を期待するもの

ライフイベントと資金ニーズ

ライフイベント		必要資金
第1期 （独身期）	学校卒業 〜社会人	●結婚準備資金 ●耐久消費財購入資金 ●レジャー資金
第2期 （家族形成期）	独身 〜結婚し世帯持つ	●出産資金 ●養育資金 ●入園、入学資金 ●住宅取得資金
第3期 （家族成長期）	子ども就学 〜家族成長	●教育資金 ●住宅取得資金
第4期 （家族成熟期）	子ども独立 〜家族成熟	●第二子教育資金 ●子どもの結婚資金
第5期 （老齢期）	定年退職 〜老後の生活	●老後の生活資金 ●病気や介護生活などにそなえる資金

今後どのようなお金が必要になるのかは、お客さまの人生設計に関わってきます。当然、お客さま一人ひとりで異なりますので、個々の事情に合った話を展開することが大切ですが、おおよそ「どんな時期にどんなお金が必要となるのか」資金ニーズの傾向をつかんでいると、お客さまと一緒に考えていくことができるでしょう。

③ 収益性資金（ふやすお金、将来にそなえるお金）として働かせる

資金使途が決まっていない、もしくは、**長期的な目的のための資金**では、将来の資金使途に向けてふやすことめざします。**元本割れや値下がりといったリスクはあるものの収益を狙う商品である外貨預金、投資信託**などが活用できるでしょう。

また、老後生活にそなえて、**個人年金保険や終身保険**などを組み入れておくことも有効です。

使い途の決まっていない資金を運用します

---

2. 将来にそなえる

---

① お金をふやすために

かつては、金利の良い定期預金にお金を預けておくことでふやすことができました。お客さまの中には、「むかしは預金の利息がいっぱいついて良かったのにね～」「1億円預金を持っていると利息だけで食べていけるといっていたのにね～」などとうらやましい話をなさる方もいらっしゃいます。日本経済が成長を続けていて、1989年末には日経平均株価は38,915円87銭の最高値を記録していた時代です。

ところが90年代には、バブル経済が崩壊し、地価や住宅価格が急激に下落して不良債権が拡大し、日本経済は戦後初のマイナス成長となり、日本銀行は**ゼロ金利政策**をとるようになりました。**低金利時代**が始まり、銀行にただお金を預けているだけでは、お金はなかなかふえなくなってしまいました。

しかしそのような時代でも、ライフイベントと資金ニーズで見たように、人生には、結婚、子供の誕生、住宅の購入、子供の教育、老後といったお金のかかるイベントが待ち受けています。このような時代だからこそ、前もって考

え、それにそなえてお金をつくっていく必要性が増してきているといえそうです。

　そこで、いわゆる運用商品などを資産の中に組み入れてお金をふやすことが重要になってきたのです。

2 インフレにそなえて

なぜ資産運用が必要
なのかを理解！

　あるお客さまは、「もう充分な貯蓄がある。これ以上お金をふやす必要はない。15年後の老後生活のために、年間100万円のお金を準備できているんだ」と考えました。確かに公的年金にプラスして100万円のお金があれば安心かもしれません。お金をふやすための資産運用は必要ないのでしょうか？

　もし今後15年の間に物価が2倍になったら、この100万円は今の貨幣価値で50万円、物価が5倍になったら今の貨幣価値で20万円の価値しかないことになってしまいます。

　モノの値段が上がり続けることを**インフレーション**（略して**インフレ**）といいます。インフレにより通貨の価値は低くなってしまいます。たとえば、100円で買えたパンは物価が2倍になれば200円に、5倍になれば500円になってしまいます。これでは、現在充分な貯蓄があると思っても、将来は不安ですね。

　そこで、物価が上昇するときに一緒に価値が上がることが期待される金融商品を組み込んだ資産運用が必要になってきます。

3 資産運用の考え方

　資産運用の方法は、個人の年齢やライフイベント、保有する資産などによって異なります。ここでは、ライフイベントに応じた資産運用の基本的な考え方をみてみましょう。

❶若い世代

　若いうちは、一般的に収入は少ないですが、自由につかえるお金の割合は高い時期です。これをすべてつかい切ってしまうのではなく、たとえば結婚や住宅購入など、将来にそなえた資産を形成することが大切です。

　一度にお金をためようとすると大変ですが、月々のお給料から積立をするなど少しずつ資産を形成していくことが可能です。時間を味方につけるわけですね。積立には、積立定期などのようにコツコツと確実にお金をためていく方法と、外貨預金や投資信託の積立のように積立金を運用してふやすことを目指す

方法があります。

　若いうちから運用を始めれば、中長期的な運用も可能となり、ある程度リスクがあっても積極的に値上がり益を狙う投資信託を選択することも可能です。投資の世界では、**リスク＝収益の幅（リターンの振れ幅）**のことをいいます。つまり、思い切った投資をすると、大きくふえる可能性がある反面、大きな損失の可能性があり、これをリスクが大きいといいます。預貯金は、大きくふやすことはできませんが元本割れの可能性がほとんどないのでリスクは小さく、株式投資は大きくふやせる可能性がある半面、値段が大きく下がってしまう可能性があるリスクの大きな商品です。万が一運用がうまくいかなくても、若いうちならば後から取り返せる可能性が大きいので、ある程度、思い切った投資もできます。

「リスク」の意味を
正しく理解！

❷中堅世代

　働き盛りの時代は、子どもの出産や教育、住宅ローンの返済など支出も多い時期です。毎月の支出に追われがちですが、子供の将来や自身の老後のための準備を忘れず、資産を効率的にふやす工夫が大切です。

　無理のない範囲で、安全性を重視して中長期的に着実にふやしていける投資信託を組み合わせたり、積立タイプの運用商品などが候補になるでしょう。

❸退職世代

　年金と貯蓄で、よりゆとりあるセカンドライフを送るために、資産を安全に管理していく工夫が大切です。

　「老後」とひと口にいっても、60歳代と70歳代、80歳代では健康状態や体力などがずいぶんと違うでしょう。70歳、もしくは75歳以降の病気のリスクが高まる時期にそなえて準備しておくことも重要です。退職金などを全部つかい切ってしまっては不安ですし、ただ預金に寝かせておくだけで有効活用しないのではもったいないのも確かです。あまりリスクの高くない商品で安定した収益を目指すなど、お金に働いてもらうことが重要になってきます。

　また、資産をたくさんお持ちのお客さまは、ご家族にいまの貨幣価値で遺したいというニーズをお持ちです。有効な相続税対策を知りたいというお客さまも少なくありません。

3. お客さまの関心が高い預金商品の税金

　預金に利息がつくなどお客さまに所得があると、その所得に対して税金がかかります。どのような税金がどのくらいかかるのか、税金に対する優遇制度はあるのかなどは、関心の高い話題です。ここでは、預金商品にかかる税金について確認しましょう（投資信託や保険商品に対する税金については、今後の証券外務員試験の勉強などの中で学んでいってください）。

1 預金の利息計算

❶単利と複利

　利息のつき方には、単利と複利があります。

① **単利**…当初預け入れた元本に対してのみ利息が計算される。

② **複利**…一定期間ごとに支払われる利息を自動的に元本に足し、これを新しい元本として利息が計算される。

　複利は、利息を元本に組み入れてまた利息を生みだす仕組みですので、お客さまにとっては複利のほうがお得です。

❷利息計算方法（単利）

　単利で利息がつく場合の計算方法は以下のとおりです。

① **税込利息＝元金×利率×期間：日数（片端入れ）／365日**
　　↓
〈ポイント〉 ● 期間は、1年を365日とする「**日割計算**」
　　　　　　 ● 日数計算は預入日だけを
　　　　　　　数える「**片端入れ**」

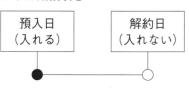

　　　　　　 ● うるう年は1年が366日あるので、
　　　　　　　期間は366日／365日
　　　　　　 ● 計算結果は、円未満（小数点以下）切捨て

② 税金を源泉徴収（除く、マル優）
　　国　税（所得税・復興特別所得税）：15.315%
　　地方税（住民税）：5%　　　合わせて20.315%
　　　　↓
〈ポイント〉 ● 国税15.315%と地方税5%を別々に計算する

2 預金の利息にかかる税金とマル優・特別マル優

❶預金の利息にかかる税金

　預貯金の利息は、原則としてその支払いの際に**20.315%**（**国税15.315%**、**地方税5%**）の税率で源泉徴収が行われ、それだけで納税が完結する**源泉分離課税**となっています。

「スーパー定期：6カ月もの」の利息計算事例

```
● 預 入 日：20XX年5月18日
● 利　率：0.04%
● 金　額：50万円
● 満期解約：解約日は、20XX年11月18日である
● スーパー定期6カ月の金利は単利である
● マル優対象外とする
```

① 日数を数える

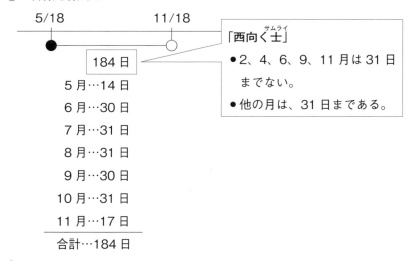

5月…14日
6月…30日
7月…31日
8月…31日
9月…30日
10月…31日
11月…17日
合計…184日

② 税込利息を求める

　　税込利息＝500,000円×0.04%×184日÷365日＝100円（円未満切捨て）

③ 税金を求める

　　国　税：100円×15.315%＝15円（円未満切捨て）

　　地方税：100円×　5%　　＝　5円（円未満切捨て）

　　　　税金計　　　　　　＝20円

④ 税引利息を求める

　　税引利息＝税込利息－税金＝100円－20円＝80円

❷障害者や遺族年金受給者などの非課税貯蓄（マル優・特別マル優）

障害者手帳の交付を受けている人や遺族年金を受けている人などが利用できる非課税制度が「マル優」（少額貯蓄非課税制度）と「特別マル優」（少額公債非課税制度）です。

①　マル優

マル優は「障害者等の少額預金の利子所得等の非課税制度」の通称で、身体障害者手帳の交付を受けている人や遺族年金を受給しているなど一定の条件を満たした人のみが利用できる制度です。

他の銀行と合算して預金の元本 350 万円までの利子が非課税になります。なお、金融機関で取り扱っている商品でもマル優が利用できないものがあります。

元本 350 万円まで非課税なので、利率の高いものに設定したほうが有利です

〈マル優を利用できる人〉

- 身体障害者手帳の交付を受けている人
- 遺族年金を受けている人（妻に限る）
- 寡婦年金を受けている人
- 障害年金を受けている人
- 母子年金を受けている人　など

この制度を利用するためには、最初の預入等をする日までに「非課税貯蓄申告書」を金融機関の営業所等を経由して税務署長に提出するとともに、原則として、預入れ等の都度「非課税貯蓄申込書」を金融機関の営業所等に提出しなければなりません。非課税貯蓄申告書に記載された金額を超えて非課税で預け入れた場合、その店舗で預け入れられたすべての預金が課税扱いとなるので注意が必要です。

なお、この申告書を提出する際には、身体障害者手帳や年金証書、マイナンバーカードなど一定の**確認書類**を提示する必要があります。

②　特別マル優

特別マル優とは「障害者等の少額公債の利子の非課税制度」の通称で、マル優と同様、身体障害者手帳の交付を受けている人や遺族年金を受給しているなど一定の条件を満たした人のみが利用できる制度です。

国債と地方債の額面 350 万円までの利子が非課税になります。

なお、マル優とは別枠で利用できますから、マル優・特別マル優を合わせて利用すれば合計額 700 万円までの利子を非課税で受け取ることができます。

4. 銀行の経営内容と預金保険制度

　お客さまは、自分の資産を管理する銀行をどこにするか考えるときに、銀行の経営状況は良いか、破綻したりしないかを気にされます。

　お客さまから、銀行の経営状況について尋ねられたときには自信を持って説明できるように、資料などを確認しておきましょう。

1 ディスクロージャー誌

　ディスクロージャーとは、「物事を明らかにして示す」という意味で、**ディスクロージャー誌**とは、**企業の経営内容等を開示した冊子**のことです。

　銀行法では、銀行は業務や財産の状況に関する事項を記載した説明書類（ディスクロージャー誌）を作成して支店などに備え置き、誰もが目にすることができるようにしなければならないと定められています。ディスクロージャー誌には、銀行の財務内容に加えて、経営方針や組織、商品・サービスの内容などを掲載して、銀行についてお客さまに知っていただけるようにしています。

2 預金保険制度

　預金保険制度とは、金融機関が万一破綻しても、預金者の預金を一定額まで保護する制度です。

　預金の種類によって、次の表のとおり保護の範囲が決まっています。バブル崩壊後は銀行や信用金庫などの倒産が相次いだので、お客さまに信用不安を引き起こさないためにも、**セーフティネット**としての預金保険制度は欠かせない制度です。

　預金保険で保護される預金などの額は、以下のとおりです。

　「当座預金」、「利息のつかない普通預金」など**決済用預金**（①決済サービスを提供できる、②預金者が**払戻し**をいつでも請求できる、③**利息がつかない**という三つの要件を満たしている預金）に該当するものは、全額保護されます。利息のつく普通預金、定期預金、定期積金などは、1金融機関ごとに合算して、預金者1人当たり元本1,000万円までと破綻日までの利息などが保護されます。

保護の範囲

	預金などの分類		保護の範囲
預金保険の対象預金等	決済用預金	当座預金・利息のつかない普通預金など	全額保護
	一般預金など	利息のつく普通預金・定期預金・定期積金・元本補てん契約のある金銭信託（ビッグなどの貸付信託を含みます）・金融債（保護預り専用商品に限ります）など	合算して元本1,000万円までとその利息などを保護 1,000万円を超える部分は、破たん金融機関の財産の状況に応じて支払われます。（一部カットされる場合があります。）
預金保険の対象外預金等	外貨預金、譲渡性預金、金融債（募集債および保護預り契約が終了したもの）など		保護対象外 破たん金融機関の財産の状況に応じて支払われます。（一部カットされる場合があります）

預金保険機構ホームページより

●まとめ●

- お客さまのお金は、資金使途や必要な時期などにより性質が違うことを認識して、人生の分岐点などに、流動性資金（つかうお金）、安定性資金（置いておく資金）、収益性資金（ふやすお金、将来にそなえるお金）などに分けて、**資産配分管理**をし、それぞれ資金の性質に合った商品に預けたり、運用すると良いことを学びました。
- 今後、経済関係の新聞を読んだり、ニュースを見たりして、経済の動きについて知る努力もしていきましょう。
- 税金の一番の基本である、預貯金の利息にかかる税金について学びました。実際にはシステムが計算してくれますが、その仕組みがどうなっているのか理解をすることが大切です。
- お客さまは、自分の所得に対して税金がいくらかかるのか知りたいと要望しますし、お客さまによっては節税意識が強い方もいらっしゃるので、税金については、今後も1つひとつ学んでいきましょう。
- 銀行の経営内容を説明している**ディスクロージャー誌**はロビーなどに備え置かれていますので、まずは自分自身が手にとって見てみましょう。
- また、万が一の金融機関破綻の場合のセーフティネットである**預金保険制度**についても、商品ごとの保護範囲を把握しておきましょう。

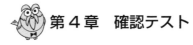 第4章　確認テスト

問題　次の文章を読んで、正しいものには○印を、誤っているものには×印を（　　）の中に記入しなさい。

（　　）1．インフレとは、物価が上がり貨幣価値も上がることをいいます。

（　　）2．投資の世界では、リスクとは運用した商品の値段が下がることをいいます。

（　　）3．預金の利息計算は日割計算で行いますが、日数は預入日だけを数える片端入れで計算します。

（　　）4．特別マル優を利用すると、国債および地方債の額面の合計額300万円までの利子が非課税になります。

（　　）5．預金保険制度で全額保護される預金は、決済用預金に限られています。

☞解答は143ページ参照

第 5 章

お金をためる・ふやす

●この章のねらい●

- お金をためる商品である定期預金の商品概要を把握する。
- 積立タイプの商品概要を把握する。
- 金利情勢と適切な預金の期間についての考え方を知る。
- 国債の商品概要を理解する。
- 外貨預金の商品概要を理解する。
- 投資信託の商品概要を理解する。
- 金融商品の販売・勧誘に関する法律やルールについて知る。

前章では、お客さまの資産管理に対する考え方や税金知識について勉強しました。

ここでは、具体的に、お金をためたい、ふやしたいというお客さまニーズに応える商品について学んでいきましょう。

1. どのような金融商品を選ぶか

① お客さまのニーズ把握

単に金利が高いから、儲かりそうだからということで商品をお勧めするのではなく、お客さまのライフステージや生活設計上の目的や計画をヒアリングし、まず、お客さまのニーズを把握することが大切です。

今後の生活でどのような資金が必要になり、どのような準備をしておけばよいのか等をアドバイスしたり、お客さまからご予定などをヒアリングしたりしながら、「子供の教育資金の準備をしておく」「セカンドライフの資金を準備する」などのニーズを探っていきます。

② 金融商品を知るための３つの基準

インフレやデフレ、金利や景気動向などを情報提供しながら、どのような商品群のものがよいのかを、お客さまと一緒に考えていきます。

ＪＡで取り扱う商品も、将来の資金準備をするための貯金・国債・投資信託など、いますぐ資金が必要なときのローンなど、多岐にわたっています。それぞれの金融商品の特徴を知って、お客さまのニーズに合った商品を提案しましょう。

金融商品の性格を知るための手がかりのひとつとしては、**安全性**、**流動性**、**収益性**という３つの基準があります。

ここで注意しなければならないのは、３つの基準のすべてを満たす商品はないということです。収益性の高い商品は往々にして安全性が低かったり、流動性が高い商品は低い収益性しか期待できなかったりします。金融商品の選択にあたっては、３つの基準などそれぞれの商品の特徴に照らしながら、目的に応じて使い分けるという発想が大切です。

金融商品を知るための３つの基準

	内　容	主なチェック・ポイント
安全性	預けたお金が目減りしたり、予想外の損をする可能性はないか？	・元本は保証されているか。 ・金融商品から生じる利益は、固定型か、変動型か。 ・市場などの相場の動きで金融商品自体の価格や価値が変動するか。
流動性	どのくらい自由に現金に換えられるか？	・満期や据置期間があるか、あるならどれくらいの期間か。 ・中途解約、換金手続はどうか。
収益性	どのくらいの運用益が見込めるか？	・どのくらいの利回りや値上がり益が見込めるか。 ・解約手数料、解約金利はどうか

金融広報中央委員会「金融商品なんでも百科」をもとに作成

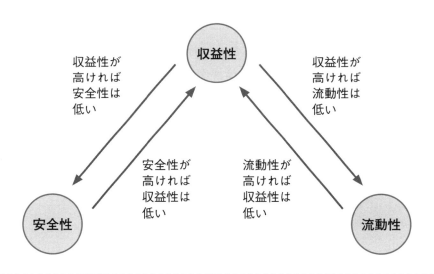

3 リスクとリターン

　金融商品のリスクとは、投資した結果、収益がプラスになるのかマイナスになるのか、その変動の幅の可能性をいいます。一般的に、リスクが高いとリターンも高く（ハイリスク・ハイリターン）、リスクが低いとリターンも低くなります（ローリスク・ローリターン）。金融商品を選択する際には、商品の特性、特にリスクについてよく理解しておくことが必要です。

　金融商品のリスクには、次のようなものがあります。

リスクの種類	内　容
価格変動リスク	社会や経済の状況や企業の業績等によって金融商品の価格が変動する可能性
為替リスク	為替相場の変動によって、金融商品の価値が変動する可能性
流動性リスク	必要なときに換金・売却できない可能性
信用リスク	金融商品を提供している金融機関や、債券や株式を発行している企業の倒産などによって損をする可能性
カントリーリスク	その国の社会や経済の不安定化により、金融商品の価格が変動する可能性
インフレリスク	インフレ（物価上昇）によりお金の価値が下落し、金融商品の価値が下がる可能性

　なお、リスクとリターンの関係は状況により変化することがあります。たとえば、普通預金や定期預金は一般的にローリスクであると考えられていますが、物価が大幅に上昇しインフレになった場合には、資産価値が実質的に目減りする可能性があります。

2.　預金商品

1 預金商品の選び方

　ローリスク商品である預金がふさわしい場合、預金商品の中からどのように選んだらよいか、一般的な考え方をみてみましょう。

金利情勢に合った商品を紹介します

　金利のピーク期には、高い金利を長期に固定できるように**長期の固定金利商品**を選ぶ、逆に、**金利のボトム期**には、低い金利で固定してしまわないように**変動金利商品**や**短期商品**、必要に応じて商品を換えられるものを選ぶなど、金利ピーク期、金利ボトム期、金利上昇期、下降期など、時期により商品の選択は異なりますので、お客さまに適切なアドバイスができるようにしましょう。

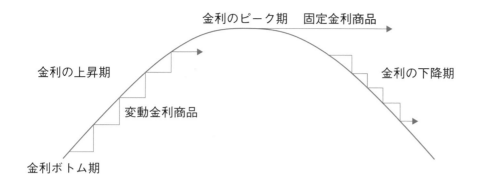

◄◄ 要確認！

2 さまざまな定期預金

　商品性は銀行ごとに異なりますが、ここでは多くの銀行で取扱いをしている代表的な商品についてまとめます。具体的な商品性は、自行のパンフレットなどで確認しましょう。

❶スーパー定期預金

　1カ月から10年までの預入期間がある定期預金です。個人のお客さまで預入期間3年以上の場合には、**半年複利で利息を計算**します。満期前に解約をした場合には、預入日から中途解約日の前日までの日数と中途解約利率に応じた中途解約利息が支払われます。6カ月未満の中途解約の場合には中途解約利率を普通預金利率とする銀行が多いようです。

❷満期フリー定期預金

　6カ月の**据置期間**を経過すれば、いつでも解約できる便利な定期預金です。6カ月過ぎれば**解約したい時がいつでも満期**となります。**期間は最長5年**という銀行が多いようです。

　6カ月は置いておけるけれど、その後はいつつかうかわからないという資金を預けるのに適しています。

❸大口定期預金

　1,000万円以上の大口のお金を運用する定期預金です。大きなお金ですので、金利もお客さまに合わせてアップすることがあります。

　個人のお客さまが3年以上預け入れる場合には、スーパー定期の複利計算した利息と比べて有利なほうを選ぶといいでしょう。

❹期日指定定期預金

　預入期間は最長3年ですが、1年の**据置期間**を経過すれば、**自由に満期日の**

指定ができる定期預金です。個人のお客さまだけに限定されており、解約の1カ月以上前に期日を指定して解約します。必要な額だけ解約する**一部解約**もできて便利です。利息は**1年複利**で計算します。

　1年以上は置いておけるけれど、その後はいつつかうかわからないというお客さまに合った商品です。

❺変動金利定期預金

　半年ごとに金利を見直す定期預金です。これから金利が上がると考えられる**金利上昇局面で有利な商品**です。個人のお客さまが**預入期間3年以上**で預けたものは、利息を**半年複利**で計算します。

❻利息分割定期預金

　1カ月に1回など、**利息を分割して受け取れます**。利息をお子さまなどのお小遣いにするなど活用できます。

　大きなお金をお持ちのお客さまや、金利が高い時代には魅力的な商品です。

　このように定期預金には、さまざまな種類がありますが、期間や金利の取り扱いなどの商品性とともに、キャンペーンなどで金利アップのサービスがあるかなども、お客さまの選択理由の1つとなります。

3 積立タイプの商品

❶積立型定期預金

　一定の期間を定めて、その期間に毎月一定の金額を預け入れ、満期日に積み立てた元金とそれに対する利息を受け取れる仕組みの定期預金です。

　期間を定めずに将来にそなえてまとまった資金をためていただく**自由型**と、つかい途やつかう日があらかじめ決まっている場合に、その目標に合わせてためていただく**目標型**など、銀行によっていくつかのタイプを用意しています。

　コツコツとお金を積み立て、まとまったお金をつくるのに適しています。

❷定期積金

　毎月一定額を掛け込む**定額型**と、最初にためたい目標額を決めてそれを期間で割って毎月の掛け込み額を決める**目標型**など、銀行によっていくつかのタイプを設定してある積金です。

　預金ではないので利息はつきません。預金の利息に相当するものは**給付補てん金**といいます。

❸財形預金

　勤務先を通して**申込み**をします。**給与からの自動天引**で預け入れます。ためたお金を自由な目的でつかえる**一般財形預金**、将来年金として受け取る**財形年金預金**、住宅を買ったり増改築のためにつかう**財形住宅預金**があります。**財形年金預金**と**財形住宅預金**は、目的どおりの使用のための払戻しであれば、両方を合わせて**元本550万円まで利息に税金がかからない**勤労者のためのお得な預金です。

3. 公 共 債

① 債券とは

　債券は、国、地方公共団体、企業、または外国の政府や企業などが一時的に、広く一般の投資家からまとまった資金を調達することを目的として発行する**有価証券**です。

　資金調達するために発行するという点では、株式と目的は同じですが、債券では、あらかじめ利率や満期日などが決められて発行される点が株式とは異なります。

　債券投資の魅力は、一般的に他の金融商品に比べ安全性が高いことです。定期的に利子を受け取りながら、償還日には額面通りの金額（償還金）が返還されるため、安定した収益を得ることができます。

　しかし、元本の保証された預貯金とは異なり、運用益が得られるのと同時にリスクも存在します。債券が約束通り償還されるかどうかは、発行体の信用度に左右されます。発行体が債務不履行に陥ると、利子や償還金は約束通り支払われませんので注意が必要です。

② 債券の種類

❶発行体による分類

　債券は、発行体によって次のような種類があります。

		政府	国　　債
国内債	公共債	政府関係機関	政府関係機関債（特殊債）
		都道府県 市町村	地　方　債
	民間債	金融機関	金　融　債
		事業会社	社　　債
外国債（外債）		外国政府 国際機関など	外　　債

❷利子の有無による分類

① **利付債券**…定期的に利子が支払われる債券

② **割引債券**…利子に相当する金額が額面から割り引かれて発行され、償還日に額面金額を受け取る債券

3 国　債

国債は、文字通り**国が発行する債券**です。**元本も利子も国が保証しています。**今は、定期預金と同様に利子が少ないですが、「国が発行しているから安心だ」と思って購入しているお客さまもいます。

窓口で取り扱っている国債には、**個人向け国債**と**新窓販国債**があります。

❶個人向け国債

個人向け国債には、満期まで金利が変わらない**固定金利タイプ**のものと、半年ごとに金利を見直す**変動金利タイプ**があります。どちらも、**個人のお客さまのみ購入**できる国債で、**1万円以上、1万円単位**で買えます。

① **固定金利タイプ**

「固定5」「固定3」は、発行時の利率（クーポン）が満期まで変わらない固定金利の商品です。発行時に設定された利率で、半年ごとに利息がもらえるので、発行時点で最終的な投資結果（いくらの投資に対して、いくらの利息がついてくるのか）を知ることができます。

発行から1年経過すれば、原則としていつでも、ご購入金額の一部または全部を中途換金することができます。中途換金の場合の換金金額は、「直前2回分の各利子（税引前）相当額〉×0.79685」です。

② **変動金利タイプ**

「変動10」は、実勢金利を反映して、半年ごとに適用利率（クーポン）

中途換金の制約などしっかりと説明します

82

が変わる変動金利制を採用しています。

　年当たりの適用利率（年率）は、「基準金利×0.66」に基づき、半年ごとに、そのときどきの基準金利の水準に応じて変動します。

　「変動10」は10年満期ですが、固定金利タイプと同様、発行から1年経過すれば、原則としていつでも、ご購入金額の一部または全部を中途換金することができます。

❷ 新窓販国債

　2007年10月から導入された新型窓口販売方式の国債（新窓販国債）は、個人向け国債以外の国債を個人の方が多くの銀行等で購入できるよう、それまで郵便局で行われていた国債の窓口販売について、郵便局以外の民間金融機関にも拡大したものです。満期が**2年・5年・10年の固定金利型**で、**毎月発行**。**5万円以上、5万円単位**で買え、個人向け国債よりも短期で運用したいお客さまや、毎月定期的に購入したいお客さまのニーズに応える商品です。

個人向け国債と新窓販国債の商品性の比較

商　品	個人向け国債			新窓販国債		
商　品	変動10	固定5	固定3	国債10	国債5	国債2
満　期	10年	5年	3年	10年	5年	2年
発行頻度	毎月			毎月		
購入単位／購入限度額	最低1万円から1万円単位／上限なし			最低5万円から5万円単位／一申込みあたりの上限は3億円		
販売価格	額面金額100円につき100円			入札結果に応じて、発行ごとに財務省で決定		
購入対象者	個人に限定			制限なし（法人やマンションの管理組合なども購入可能）		
金利タイプ	変動金利	固定金利		固定金利		
金利設定方法（基準金利）	基準金利×0.66（直近の10年債平均落札利回り）	基準金利−0.05%（5年債の想定利回り）	基準金利−0.03%（3年債の想定利回り）	直近の入札により発行した国債と同じ		
金利の下限	0.05%			なし		
中途換金	発行後1年経過すればいつでも国の買取りによる中途換金が可能（元本割れのリスクなし）。※中途換金時に、直前2回分の各利子（税引前）相当額×0.79685が差し引かれます。※発行後1年間は、原則として中途換金ができません。			市場でいつでも売却が可能。ただし、その時々の市場価格となるため、売却損、売却益が発生します（元本割れのリスクあり）。		
償還金額	額面金額100円につき100円（中途換金時も同じ）			額面金額100円につき100円		

利子は、年2回（半年ごと）の利子支払日に支払われ、1回にお支払いする利子額は、「額面金額×利率×1／2」により計算されます（利子支払日が銀行休業日の場合には、翌営業日に支払われます）。また、満期時には償還金として額面100円につき100円が戻ってきます（満期償還日が銀行休業日の場合には、翌営業日に支払われます）。

新窓販国債は、入札によって発行される国債と同じものなので、満期前でも金融機関を通じて市場で売却し換金することができます。ただし、その時々の**市場価格での売却**になりますので、売却時の価格の状況によっては、**売却益が出ることも売却損が出ることも**あります。また、個人向け国債と異なり、国が買い取る中途換金制度はありませんので、買い手がつかないと売却できない場合もありますので、原則的には、それぞれの期間に資金使途が決まっていないお金で買うのに適している商品です。

中途換金時の価格により元本割れの可能性があることなど、しっかりと説明します

4 国債販売上のポイント

国債は証券（券面）が発行されず（**ペーパーレス**）、口座上の記録によって管理されています。完全なペーパーレスであるため、券面の紛失・偽造がなくなるほか、利子や元本の受取りをうっかり忘れることもないので便利です。

はじめて国債を購入する場合は、購入する金融機関で**国債の取引をするための口座（振替口座）を開設**していただく必要があります。銀行によっては口座の管理手数料等がかかる場合がありますので、自行の手数料を確認しておきましょう。

◀◀ 要確認！

口座を開設するときには、運転免許証等の**本人確認書類**、印鑑等が必要です。

なお、国債は証券外務員資格を取り、その氏名等を金融庁に登録した人のみが説明、販売できる商品ですので注意しましょう。

4. 外貨預金

外国の通貨で預ける預金が**外貨預金**です。どんな通貨を扱っているかは銀行によって異なります。また、どのような商品の種類を用意しているかも銀行によって異なり、普通預金と定期預金の外貨預金がある銀行もあれば、貯蓄預金のある銀行もあります。自行の商品を確認しましょう。ここではアメリカ・ド

◀◀ 要確認！

ル建ての定期預金を例にとって勉強していきましょう。

　お客さまが、ドル定期預金に100万円分を1年間預けたいと考えると、ま
ず、この100万円はドルにするといくらかという計算が必要です。このときに
使われる為替レート（1ドルが何円か）を**TTS（対顧客電信売相場）**といいま
す。これは、銀行が市場の相場を見て決定するレートです。たとえば、きょう
のTTSは1ドル＝100.00円だとしましょう。100万円は1万ドルになります
ね。今日から、お客さまは1万ドルの定期預金を持っていることになります。

　さて、1年たったときには、この定期預金には利息がついています。預けた
ときの利率が1％であれば、利息は100ドルつきます。ここから所得税および
復興特別所得税15.315％と地方税5％が源泉徴収されます（外貨預金は**マル優
対象外**商品です）。100ドルの利息から20.315％の税金を差し引いた80ドルと
元本10,000ドルを合わせた10,080ドルを満期日に受け取ります。

　日本円に戻すときのレートは**TTB（対顧客電信買相場）**といいます。1年後
のTTBは、1ドル＝105.00円になっていたとすると、10,080ドルは、105万
8,400円になります。1年間で、5万8,400円も増えたわけです。ところが、1
年後のTTBが1ドル＝95.00円だったらどうでしょう？　10,080ドルは95万
7,600円で、元のお金より減ってしまいました。

　このように**外貨預金**には、**為替相場の動きによって、お金が増えたり減った
りするリスク**があります。為替相場の動きが円安になることを期待して運用す
る商品です。今後3〜5年くらいは使う予定がなく、為替が円高に動いてしま
った際には、外貨から円貨に戻さず、外貨のまま外貨定期預金や外貨普通預金
などに置いておき、円安になるタイミングを待てるお金で運用するのに適して
います。

5. 投資信託

1 投資信託の仕組み

●投資信託とは

　誰でもお金がふえれば嬉しいと思います。でも、お金をふやそうと思って
も、株を買えばよいのか、債券が有利なのか、日本の円で持っていたほうがい

いのか、ドルやユーロなどの外貨がいいのかなど何に投資をすればいいのかを判断するのは大変です。そこで、そういったことをよく研究しているプロを信じて任せましょうというのが投資信託です。読んで字のごとく、「**自分の投資資産を、プロを信じて託す**」わけです。

　運用のプロは、お客さまから集めたお金をひとつの大きな資金としてまとめて、**株式や債券、不動産など**に**投資・運用**して、その運用成果をお客さまそれぞれの投資額に応じて分配します。投資信託の運用がうまくいけば利益を得られますが、運用がうまくいかないと投資した額を下回って元本割れすることもある、運用成績は市場環境などによって変動する商品です。

❷**投資信託の仕組み**

　プロは、「**投資信託委託会社**」というところにいます。ここで、投資信託商品をつくるわけですね。たとえば、「今後成長しそうな日本の会社の株式を中心に選んで買う投資信託」「世界のいろいろな国の発行する債券を中心に買う投資信託」など考えて、商品を組み立てます。

　売る段階になると、投資信託委託会社は、お店の数が少ないですから、お客さまが便利に投資信託を買いにいくことができません。そこで、銀行などが「**販売会社**」として、投資信託を売るのです。

　たとえば、Ａ投資信託委託会社の運用のプロであるファンドマネジャーが、今後成長しそうな日本の会社の株式を中心に選んで買う投資信託、「Ａ日本成長株投信」を作りました。あるお客さまが、銀行で「Ａ日本成長株投信」を20万円分購入します。この20万円は、銀行からＡ投資信託委託会社を経て、契約している**信託銀行**に流れていきます。信託銀行では、集まってきたＡ日本成長株投信のお金を管理します。そして、Ａ投資信託委託会社からの「あの株式をいくらいくら買ってください」などといった**運用指図に従って、市場で株式などの売買をする**のです。

　ファンドマネジャーの考えが当たって、投資信託のもっている株式がとても値上がりして得をしました。すると、ファンドマネジャーはその分を「**収益分配金**」としてお客さまに支払います（その他、収益がなくても支払われる分配金もあります）。お客さまにとっては、運用の成果が得られてうれしい瞬間です。このときには、Ａ日本成長株投信の値段が高くなっているでしょうから、ここで**売って得をしよう**というお客さまもいるでしょう。

　ところが、ファンドマネジャーが考えていたのとは逆に、株式が値下がりをしてしまいました。そんなとき、どうしてもお金が必要なお客さまがこの投資

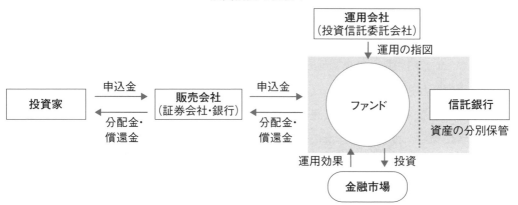

投資信託の仕組み

出典：投資信託協会ホームページ

信託を売ると、買ったときより値段が安くなっていますから**損をしてしまいま
す**。このように、投資信託は、**運用の結果により、収益をあげることもできれ
ば、損をしてしまうこともある商品**なのです。これを「**リスクがある**」といい
ます。

　ですから、イザというときのお金は預金などでしっかり確保できていて、
「定期預金ではたいした利息がでないから、増やすことを考えたいな、万が一、
値段が下がったときには様子を見て、また高くなるのを待とう」と思っている
お客さまに、魅力的な商品です。

2 投資信託の魅力

　ここで、投資信託の魅力をまとめてみましょう。

❶プロに運用をまかせられる

　どんな債券を買ったらよいのか、どの会社の株式がこれから値上がりするの
か、自分ではよくわからない人や、自分で研究する時間のないお客さまでも、
運用をプロに任せることができます。

❷貯蓄にはない収益（リターン）を期待できる

　金利が低い昨今、預金ではなかなかお金をふやすことができません。投資信
託は、債券や株式、不動産などに投資をすることで、預金にはない収益を目指
します。

❸分散投資によって、リスクを小さくできる

　投資信託では、プロが運用する際に、1つの株式や債券などを買うのではな
く、複数の株式や債券を購入します。1つが値下がりしても別の1つは値上が

りをするなど、値動きの異なる投資対象を買うことでリスクを分散することができます。

❹少額の資金でも始められる

多くの投資信託が、1万円程度の金額から購入可能です。

❺目的に合った投資信託が選べる

各銀行では、さまざまなタイプの投資信託の販売をしていますので、お客さまは自分の運用姿勢に合った投資信託を選択することができます。

・・・

3 いろいろな種類の投資信託

・・・

投資信託には、たくさんの種類の商品があり、そのうち銀行で販売を取り扱っているものだけ見ても、多い銀行では数十種類にもなります。自行の取扱い商品を確認しておきましょう。

◀━ 要確認！

ここでは、投資信託協会による投資信託の分類方法を見ていきます。この商品分類では、投資信託がどの資産に対して主に投資し、収益の源泉とするのかがわかりやすく分類されていて、投資信託の説明書である目論見書の表紙などに記載されていますので、投資信託を選ぶ際に活用できるものです。

❶追加購入が可能か

① **単位型**（スポット型）

…投資信託が立ち上がる期間（運用を開始する前に投資家から申込みを受ける当初募集期間）にのみ購入できるもの

② **追加型**（オープン型）

…原則的に、投資信託が運用されている期間中いつでも購入できるもの

❷投資対象地域による区分

① 国内…主たる投資収益が、実質的に国内の資産を源泉とするもの

② 海外…主たる投資収益が、実質的に海外の資産を源泉とするもの

③ 内外…主たる投資収益が、実質的に国内および海外の資産を源泉とするもの

❸投資対象資産による区分

① **株式**…主たる投資収益が、実質的に株式を源泉とするもの

② **債券**…主たる投資収益が、実質的に債券を源泉とするもの

③ **不動産投信**（J-REIT：J リート）

…主たる投資収益が、実質的に不動産投資信託および不動産投資法人を源泉とするもの

④　その他資産…主たる投資収益が、実質的に上記以外の資産を源泉とする
　　　　　　　もの
⑤　資産複合…主たる投資収益が、実質的に上記の複数の資産を源泉とする
　　　　　　　もの

❹独立した区分

①　MMF（マネー・マネージメント・ファンド）
　　…日々決算を行う、公社債投資信託のひとつ
②　MRF（マネー・リザーブ・ファンド）
　　…株式や投資信託等の購入、カード利用代金の引落し、給与振込等に利
　　用される証券総合口座用の投資信託で日々決算型の公社債投資信託の
　　ひとつ
③　ETF（上場投資信託）
　　…日経平均株価やTOPIX（東証株価指数）など、特定の指数の動きに
　　連動する運用を行う、東京証券取引所などの金融商品取引所に上場す
　　る投資信託

❺補　　足

①　インデックス型…各種指数に連動する運用成果を目指すもの。市場平均
　　　　　　　　　　の運用成果を期待できます
②　特殊型…投資者に対して注意を喚起することが必要な、特殊な仕組み・
　　　　　　運用手法を用いるもの

❻分 類 表

これらの分類の項目を表にしたものが、次の表です。

投資信託は、区分ごとに分類され、その区分ごとの分類を組み合わせること
によって、商品分類が示されます。ここで、例となる投資信託をこの商品分類
で分類してみましょう。

①　追加型で主に国内株式に投資する投資信託は…「追加型／国内／株式」
②　追加型で主に海外債券に投資する投資信託は…「追加型／海外／債券」
③　追加型で主に国内株式に投資し、日経平均株価に連動する運用成果を目
　　指す投資信託は…「追加型／国内／株式／インデックス型」
④　単位型で日経平均株価の水準が一定範囲に収まれば、元本が確保される
　　仕組みの投資信託は…「単位型／国内／株式／特殊型（条件付運用型）」

投資信託のパンフレットなどには、このような商品分類が載っていますの
で、一度見てみましょう。

商品分類表

単位型・追加型	投資対象地域	投資対象資産 （収益の源泉）	独立区分	補足分類
単位型 （スポット型） 追加型 （オープン型）	国内 海外 内外	株式 債券 不動産投信 その他資産 資産複合	MMF MRF ETF	インデックス型 特殊型

④ 口座開設から購入〜代金受け取りまでの流れ

口座開設から代金受け取りまでの、一般的な流れをみてみましょう。

❶口座開設

銀行の窓口で投資信託用の口座を開設します。銀行によっては、インターネットからも申し込めるようになっています。

❷購入の申込みと購入代金の支払い

お客さまは、購入したい投資信託を決定し、購入代金を支払います。もちろん、商品決定に至るまでには、銀行がお客さまのニーズをよくお聞きして、そのお客さまに合った商品を一緒に考えていきます。

❸取引報告書の受け取り

入金を確認した後、2〜3日程度で取引報告書がお客さまに交付されます。

❹運用期間中

①　取引残高報告書の受け取り

お客さまのもとには、定期的に、取引の明細や預り残高などのお知らせ（取引残高報告書）が届きます。投資信託は、証券そのものをお客さまにお渡しするわけではありません。取引報告書や取引残高報告書を受け取ったり、定期的にお知らせを受け取ることで確認ができるようになっています。

②　収益分配金の受け取り

投資信託の運用がうまくいけば、収益分配金が受け取れることがあります。収益分配金は、あくまでの運用の結果によるもので、いつ、いくら出ますとあらかじめお約束するものではありません。

お客さまが指定した預金口座などに分配金が入ると、**分配金のお知らせ**が、分配金を投資信託に再投資するタイプの投資信託では**分配金再投資**についての**お知らせ**が、お客さまに交付されます。

③　運用報告書の受け取り

原則として、年に１〜２回は運用報告書がお客さまに交付され、ファンドマネジャーから、これまでの**運用状況についての説明や今後の運用方針**などについての説明を読むことができます。

❺解約の申込みと代金の受け取り

投資信託が値上がりをしたからここで売りたい、もしくは、値段は下がってしまったけれどもう値段の回復は見込めそうもないのでここで損切りをしてしまいたいなど、投資信託を売りたいお客さまは、窓口に申し出ます。

投資信託によって異なりますが、原則として換金の申し出から４営業日以降に売却代金を受け取ることができます。

❻償還による代金の受け取り

自分で解約するまえに償還日（満期日）になると、**償還金のお知らせ**がお客さまに届きます。原則として、償還日から５営業日目までに代金が支払われ、**償還報告書**が交付されます。

5　お客さまに送られてくる書類

投資信託は、投資信託の証券をお客さまにはお渡ししないので、報告書などで運用状況などをお知らせします。購入から解約まで、どのような書類がお客さまに送られてくるのか、いま一度まとめてみましょう。

❶購入時にお客さまに交付する書類

- 取引報告書

❷運用期間中にお客さまに届く報告書類

- 取引残高報告書……原則３カ月毎の各月末に作成、送付（該当期間にまったく取引がない場合は、１年に１回の送付）
- 運用報告書…………投資信託の運用結果、基準価額の推移、分配金の状況、費用や今後の運用方針、投資信託の運用にかかわる問い合わせ先の電話番号や担当部署など。決算後１カ月程度で送付
- 収益分配金報告書…決算日にファンドの収益分配金が確定されると送付（収益分配金が出ない場合は送付されない）

❸解約時にお客さまに交付する書類

- 取引報告書、償還報告書

❹その他、運用成果を把握するためにチェックするもの
- ●ウィークリー・レポート
- ●マンスリー・レポート

6. 金融商品の販売等に関する法律やルール

1 お客さま本位の業務運営

　銀行には、お客さまと向き合い、各行横並びではない主体的で多様な創意工夫を通じてお客さまに各種の情報をわかりやすく提供するなど、お客さまの利益に適う商品・サービスの提供を不断に追求するという、「**お客さま本位の業務運営（フィデューシャリー・デューティー）**」の実現が求められています。

　フィデューシャリー・デューティー（Fiduciary Duty）とは、他者の信認を得て一定の任務を遂行すべき受託者（Fiduciary）が負うさまざまな責任（Duty）という意味です。もともとは、信託契約等において受託者は受益者の利益を第一に考えなければならないという意味で使われてきました。しかし最近はより広い意味で、他者の信認に応えるべく、一定の任務を遂行する者が負うべき幅広いさまざまな役割・責任の総称として用いる動きが広がっており、こうした動きを広く定着・浸透させていくことが重視されるようになっています。

　すなわち、すべての金融機関がお客さま本位の業務運営を行うべきという原理原則（プリンシプル）を共有し、お客さまの利益のために行動することが、お客さまとの信頼関係の構築につながり、金融機関にとってもプラスになるのです。

　銀行は、策定した方針に基づく「お客さま本位の業務運営」の取組み状況について、その定着度合いを客観的に評価できるようにするための成果指標を公表（見える化）することとされています。皆さんの銀行の「お客さま本位の業務運営に関する取組方針」を確認しておきましょう。　◀◀ 要確認！

2 金融商品取引法を遵守する

❶金融商品取引法の規制対象商品

重要

　銀行で販売している**国債、地方債**や**投資信託**、証券会社への取り次ぎをする**社債、株式**などのご案内時には、**金融商品取引法を守って販売・勧誘すること**が求められています。

　なお、預金は**銀行法**、保険は**保険業法や保険法**で規制されているので、金融商品取引法の直接の規制対象ではありません。しかし、銀行法や保険業法・保険法において、投資性の強い預金・保険など（外貨預金や外貨建保険・年金、変額保険・年金など）の販売・勧誘業務については、基本的に**金融商品取引法と同等の利用者保護規則（販売・勧誘ルール）**が適用されていますので、結果として銀行法や保険業法等の中で、同様のことが求められています。

❷遵守すべき行為規制（販売・勧誘ルール）

金融商品取引法で求められている基本的なことを次にあげてみましょう。

① **契約締結前、契約締結時等の書面交付義務**

　口頭の説明だけで販売してはいけません。必ずお客さまに契約内容（重要事項等）を記載した書面を交付して説明します。

② **禁止行為（お客さまの保護に欠け、取引の公正を害する行為の禁止）**

- 契約の締結またはその勧誘に関して、**虚偽**のことを告げる行為
- お客さまの意思を確認しないで勧誘をしたり、お客さまの意思に反して勧誘する行為
- **断定的判断の提供等**

　嘘をいって販売したり、「この投資信託は絶対にもうかりますよ。元本割れなんてあり得ません」などと将来の不確実な事項について断定的判断を提供して勧誘したりすることなどが禁止されています。

③ **損失補てんの禁止**

　特定のお客さまを優遇するような損失の穴埋め等を行うことはもちろんのこと、損失の穴埋めを**約束**するようなこともしてはいけません。

④ **適合性の原則**

　お客さまの「**知識**」「**経験**」「**財産の状況**」「**投資目的**」に照らして、**不適当な勧誘**をしてお客さま保護に欠けることのないようにしなければなりません。つまり、そのお客さまに合わない**商品やサービス**は、**売っても、勧誘してもいけない**ということです。この適合性を判断するために、銀行

ではお客さまご相談シートなどのお客さまへの質問項目をまとめた書類を用意して、確認ができるようにしています。シートの名前や内容は、銀行によって異なりますので、一度見てみましょう。 ◀◀ 要確認！

3 金融サービス提供法を遵守する

❶金融サービス提供法の対象商品

 重要

　預金、定期積金、国債や投資信託、保険などは、**金融サービス提供法**を守ってご案内をする必要があります。対象商品は、わたしたちが扱うほぼ全部の商品と考えてかまいません。

　これに対して、**金融サービス提供法の対象外**なのは、**融資取引**（金融機関がリスクを負う商品であるため）、**内国為替取引や外国為替取引**（内為取引は送金が依頼どおりに行われる限り、元本欠損を生ずるおそれがない、外為取引でも両替それ自体には元本欠損を生ずるおそれがないため）などがあります。

❷重要事項の説明義務等

　金融サービス提供法は、お客さまの知識、経験、財産の状況、契約の目的に照らして、お客さまが理解するために必要な方法・程度に応じた**重要事項の説明**をしなければ、金融商品を販売してはならないとしています。

　重要事項とは、①元本欠損が生ずるおそれがあること、または当初元本を上回る損失が生じるおそれがあること、②リスクに関する具体的な説明、③取引の仕組みの重要な部分などのことで、お客さまに対する説明義務が課せられています。その説明は、お客さまに合わせて行う必要があります。

　また、不確実な事項について断定的判断を提供し、または確実であると誤認させるようなことを告げる行為を行ってもいけません（**断定的判断の提供等の禁止**）。

　重要事項の説明違反や断定的判断を提供したことによって、お客さまが損害をこうむった場合には、金融機関に**損害賠償責任**が発生し、その額は「**元本欠損額**」です。払い込んだ額より受け取った額が少ない場合には、その差額が損害額になります。

（注）金融商品販売法（正式名称は「金融商品の販売等に関する法律」）は、2021年11月1日に改正法が施行され、金融サービス提供法（正式名称は「金融サービスの提供に関する法律」）と変更されました。

④ 消費者契約法を遵守する

　消費者契約法は、消費者と事業者との間にある情報格差や交渉力の格差に配慮して、事業者に**不当な勧誘**があった場合に、消費者に**契約の取消し**を認めたり、**不当な契約条項**が含まれていたとしても、その契約条項を**無効**とすることによって、消費者の正当な利益を保護するための法律です。この法律は、消費者と事業者との間で締結されるすべての契約に適用されます。

❶契約を取り消すことができる不当な勧誘

　事業者が契約に際して次のような方法で勧誘し、消費者が誤認等をした場合には契約を取り消すことができます。

> 取消しがあるまでは有効であるが、取り消されると無効になる

- 重要事項について事実と異なることを告げた（不実告知）
- 消費者の利益となる旨を告げながら、重要事項について不利となる事実を故意または重大な過失により告げなかった（不利益事実の不告知）
- 将来の不確実な事項について確実であると告げた（断定的判断の提供）
- 消費者にとって通常の分量を著しく超えると知りながら、消費者契約の勧誘をした（過量契約）
- 消費者が事業者に対し、退去して欲しい旨を告げたのに事業者が退去しなかった（不退去）
- 消費者が（店舗などから）退去する旨の意思を示したにもかかわらず、消費者を退去させなかった（退去妨害）

　その他、就職セミナー商法（不安を煽る告知）、デート商法等（好意の感情の不当な利用）、高齢者等の不安を煽る（判断力の低下の不当な利用）、霊感商法、契約前なのに強引に代金を請求する等が、不当な勧誘とされます。

　契約を取り消す権利の行使期間について、民法は「追認をすることができる時から5年」、「行為の時から20年」と定めていますが、消費者契約法では、①**追認できる時**（消費者が誤認をしたことに気づいた時や困惑を脱した時等、取消しの原因となった状況が消滅した時）**から1年**、または、②**契約締結時から5年**という期間制限があります。

❷無効となる不当な契約条項

- 事業者は責任を負わないとする条項
- 消費者はどんな理由でもキャンセルできないとする条項
- 成年後見制度を利用すると契約が解除されてしまう条項
- 平均的な損害の額を超えるキャンセル料条項
- 消費者の利益を一方的に害する条項

無効な行為は、最初から効力を生じない

5 高齢顧客への勧誘・販売ルールを理解する

　一般的に高齢のお客さまは、身体的な衰えに加え、記憶力や理解力が低下してくることもあることが少なくなりません。また、新たな収入の機会が少なく、保有資産は今後の生活費であることも多いと考えられます。見た目には何ら変化がなく、過去の投資経験が豊富なお客さまで、勧誘時点における理解も十分であったと思える方が、数日後には自身が行った取引等をまったく覚えていなかったという事例も見られます。その結果、ご本人やご家族から苦情の申立てがなされ、あっせんや訴訟となってしまうケースも生じています。そこで、高齢のお客さまに投資勧誘を行う場合には、**適合性の原則**に基づいて、一般のお客さま以上に慎重な対応をする必要があります。

　このようなことから、日本証券業協会では、高齢のお客さまへの勧誘による販売にかかる適正な投資勧誘に努めるため、「高齢顧客への勧誘による販売に係るガイドライン」を制定しています。このガイドラインは、業界全体で遵守しなければならない基本的なルールであり、各金融機関ではこれに基づいて社内ルールを定めています。私たちもガイドラインの趣旨を十分に理解しておくことにより公正・適切な勧誘・販売を実現し、お客さまとの信頼関係を築きあげていく必要があります。

　以上、商品のご案内や販売の際には、いろいろな法律やルールを守って仕事をすることが求められています。セールスに熱心なあまりお客さまに嘘をついたり、お客さまに合わない商品を無理やり勧めたり、仕事を急ぐあまり大切な説明を忘れたりすることがないようにしましょう。

「高齢顧客への勧誘による販売に係るガイドライン」

高齢顧客に対する勧誘留意商品の勧誘の基本的な流れ

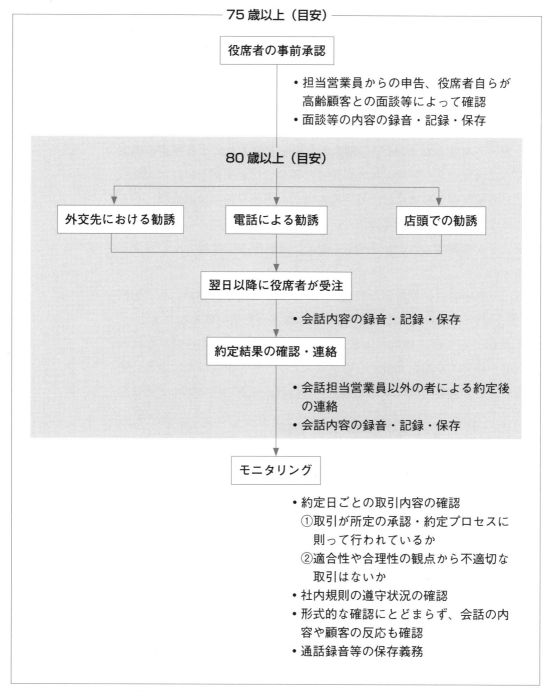

注：ガイドラインは、役席者による事前承認なしに勧誘可能な商品と、役席者による事前承認が
　　必要な「勧誘留意商品」を社内規則で定めることを求めている。

7. お客さまを守る法律・制度

1 預金者保護法

　「偽造カード等及び盗難カード等を用いて行われる不正な機械式預貯金払戻し等からの預貯金者の保護等に関する法律」（預金者保護法）は、**偽造・盗難キャッシュカードを使ったATMでの預金の払戻しと借入れによる被害の補償**を金融機関に義務付けるもので、被害を受けた預金者に過失がなければ金融機関が原則として被害を全額補償し、被害者の過失の立証責任も金融機関にあるとされています。なお、預金者保護法は、偽造・盗難カードによる不正払出し等から「個人」を保護する法律であり、「法人」のお客さまは補てんの対象となりません。

　被害にあった預金者は、警察と金融機関への届出が必要で、原則として届出から30日前までのATMでの引出し（借入れ）被害が補償対象となります。

　補償の基準については、偽造・盗難にかかわらず、預金者に過失がなければ、金融機関が被害の全額を補償するのが基本です。被害を受けた預金者に過失がある場合、その過失の程度や偽造カードと盗難カードの別に応じて補償基

預金の不正払戻しへの対応

			偽造カード	盗難カード・盗難通帳	インターネットバンキング
補償対象			個　人		
補償要件			金融機関への速やかな通知		
			金融機関への十分な説明		
			捜査当局への事情説明	捜査当局への盗取の届出	捜査当局への事情説明
補償基準	被害者の過失の程度	無過失	全額補償		
		軽過失		75％補償	被害に遭った顧客の態様や被害発生時の状況等を加味した対応
		重過失	補償なし		

準が定められています。

　たとえば、暗証番号をキャッシュカード上に書き記していた場合や、他人に暗証番号を知らせたりキャッシュカードを渡したような場合は、本人に**重大な過失**があったとして被害は補償されません。

　また、盗難カード被害の場合で金融機関から生年月日等の他人に類推されやすい暗証番号から別の番号に変更するよう複数回にわたって働きかけを受けたにもかかわらず変更せず、キャッシュカードをそれらの暗証番号を推測させる書類等とともに携行・保管していたような場合には、75％の補償に減額されます（偽造カード被害は全額補償されます）。

　なお、窓口での盗難通帳等による預金の払戻しやインターネットバンキングによる不正な預金の払戻しの被害についても、個人のお客さまの場合は、原則として銀行が補償するという全国銀行協会の自主ルールに基づく対応をしています。

２　振り込め詐欺救済法

　普通預金口座が、振り込め詐欺や架空請求、ヤミ金融事犯等の不正目的に利用される場合があります。「犯罪利用預金口座等に係る資金による被害回復分配金の支払等に関する法律」（振り込め詐欺救済法）３条１項によれば、銀行は、預金口座等がこのような犯罪行為に利用されている疑いがあることが判明した場合は、被害の拡大等を防ぐために、可能な限り速やかにその口座の**取引停止措置**をとることが求められます。

　また、振り込め詐欺の被害に遭った人は、被害資金の滞留している口座のある金融機関（振込先の金融機関）に対して**被害回復分配金の支払い**を請求することができます。振り込んだ資金が相手の口座に残っている場合、この資金を被害者に支払います。資金の一部または全部がすでに引き出されている場合には、口座に残っている残高が支払金額の上限になります。また、同じ口座に資金を振り込んだ他の人からも被害回復分配金の支払申請がある場合には、口座の残高を被害額に比例して按分したうえで支払うこととなります。

●まとめ●

- 定期預金は、**金利情勢をみて適切な商品や期間を選択する**ことがポイントです。また、これから資産を形成する若い世代では、積立型の商品で**時間を味方につけた貯蓄や運用**も大切でした。
- 国債もほぼ定期預金と同じ考え方で選択できるでしょう。
- 外貨預金や投資信託などの運用商品は、少なくとも3〜5年くらいの資金使途が決まっていないお金を有効活用するつもりで、**収益を期待して運用**することが大切です。
- 商品のご案内や販売に際しては、**銀行法、保険業法、金融商品取引法、金融サービス提供法、消費者契約法**などその商品を規制している法律を確認して、**法令を遵守**した仕事をしましょう。
- 偽造カードなどによる預金の払戻し、振り込め詐欺等の金融犯罪が増えています。日頃から犯罪の防止に万全の注意を払うとともに、犯罪に遭った被害者への補償の仕組みを理解しておきましょう。

 第5章　確認テスト

問題 次の文章を読んで、正しいものには○印を、誤っているものには×印を（　　）の中に記入しなさい。

（　　）1．スーパー定期預金は、預入期間が10年までのものがあり、個人のお客さまならば、3年以上のものは利息が複利計算されます。

（　　）2．個人向け国債の3年ものは、変動金利商品です。

（　　）3．外貨預金は、円高になったときに収益を得られる預金です。

（　　）4．金融商品取引法では、将来の不確実なことに対して断定的判断を提供して販売することを禁止しています。

（　　）5．消費者契約法は、事業者の不当な勧誘行為などによって消費者が損害をこうむったときに消費者への損害賠償責任を課す法律です。

☞解答は143ページ参照

第6章

将来にそなえる

●この章のねらい●

- 機能ごとにどのような種類の保険があるか理解する。
- 保険に関する基本的な用語を確認する。
- 銀行での保険販売について知る。

わたしたちの生活の中には、さまざまなリスクが潜んでいます。死亡や病気、ケガ、介護など、予期しないできごとで経済的に生活が困難になったり、思い描いていた生活が実現できなくなったりすることがあります。このようにいつ起きるかわからないけれども、いったん起きるとまとまったお金が必要となるような場合にそなえておくのが保険です。

　保険は保険会社の商品ですが、現在は、銀行でも窓口販売が許されており、先述したお客さまニーズに応えています。取り扱っている商品は銀行によって異なりますので、ここでは保険という商品の概要をつかみましょう。

1. 保険の基礎知識

1 保険の持つ機能・種類

　ここでは、一般的な分類でどのような保険の種類があるかを見ていきます。具体的には、自行の取扱商品を1つひとつ勉強していきましょう。

　保険の種類は、さまざまな保障ニーズに対応したものがあります。

❶死亡保障

　万が一の場合の遺族保障機能をもつ保険です。一家の働き手を失うなど、予期しない出来事で残された家族の生活に支障が出ることがないように、お金の面でのサポートをします。

- **定期保険**……保険期間は一定で、その間に死亡した場合にのみ死亡保険金を受け取ることができます（満期保険金はありません）。
- **養老保険**……一定の保険期間内に死亡した場合は死亡保険金を、死亡せずに満期を迎えれば同額の満期保険金を受け取ることができます。
- **変額保険**……株式や債券を中心に資産を運用し、運用の実績によって保険金や解約返戻金が増減する保険で、投資リスクは個人が負うことになります。保険期間が一定の有期型と、一生涯保障が継続する終身型があります。
- **終身保険**……定期保険と同様に死亡した場合にのみ、死亡保険金を受け取ることができます。保険期間は定期保険と異なり一定ではなく、一生涯死亡保障が続きます（満期保険金はありません）。

　また、保険料払込期間中は積立金を蓄積し、保険料払込期間満了後は積

保障ニーズとそれに対応する主な保険種類

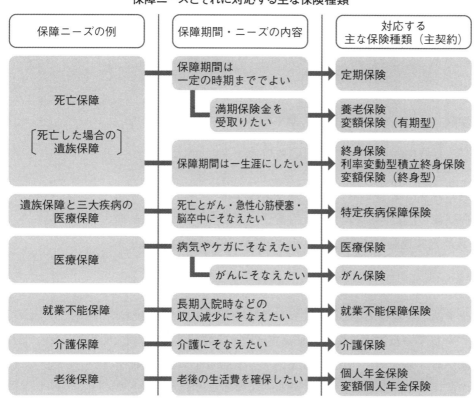

（生命保険文化センター資料より）

立金をもとにして、一定の金額までの範囲で、そのときの健康状態にかかわらず終身の死亡・高度障害保障を確保することができる組み合わせ型の生命保険（「利率変動型積立終身保険」など）もあります。適用される予定利率は、市場の金利動向に応じて一定期間ごとに見直され、変動します。

❷遺族保障・三大疾病の医療保障

● **特定疾病保障保険**……特定疾病（がん、急性心筋梗塞、脳卒中）により一定の状態になったときに、死亡保険金と同額の保険金を受け取ることができます。保険金を受け取った時点で契約は消滅し、保険金を受け取ることなく死亡したときは、死亡保険金を受け取ることができます（満期保険金はありません）。

❸医療保障

　病気やケガの入院費用や治療費用に対する保障機能をもつ保険です。難しい病気にかかると入院費用や手術や薬代など大きなお金が必要になってきます。大きなケガでも同様です。そのときに、お金の準備ができていないのでは心もとないので、万が一にそなえての保障をつけておきます。

- **医療保険**……病気やケガなどで入院したり、手術をしたときに給付金を受け取ることができます。
- **がん保険**……がんで入院したり、手術をしたときに給付金を受け取ることができます。

❹就業不能保障

- **就業不能保障保険**……病気やケガによる入院や療養で長期間働けなくなったときに、毎月、給付金を受け取ることができます。

❺介護保障

- **介護保険**……寝たきりや認知症によって介護が必要な状態となり、その状態が一定の期間継続したときに一時金や年金を受け取るタイプと、公的介護保険の要介護認定に連動して一時金・年金を受け取るタイプがあります。

❻老後保障

老後の生活資金や子供の教育資金など、人生には予想でき、しかも多額のお金が必要なことがわかっているステージがあります。そんな時期にそなえる、中長期的な貯蓄機能がある保険です。現在発売されている商品は、上記機能を組み合わせたものが多いので、基本的な特徴を把握してすることが、お客さまにあった保険を選び、アドバイスするうえで大切です。

生命保険は将来に必要となるお金を、必要な時期や目的にあわせて準備する手段としても、利用することができます。

- **個人年金保険**……将来の年金受取りと、資産形成（運用）、死亡保障の機能をあわせ持つ商品です。基本は、老後の生活資金にそなえるもので、あらかじめ定められた年齢から年金を受け取ることができます。万一、年金の受取開始日前に被保険者が亡くなった場合には、遺族に死亡給付金が支払われます。

個人年金保険は、年金の受取期間によっていくつかのタイプがあります。

確定年金	生死に関係なく契約時に定めた一定期間、年金を受け取ることができます。
保証期間付有期年金	保証期間中は生死に関係なく年金が受け取ることができ、その後は契約時に定めた年金受取期間中、被保険者が生存している限り年金を受け取ることができます。
保証期間付終身年金	保証期間中は生死に関係なく年金が受け取ることができ、その後は被保険者が生存している限り一生涯にわたり年金を受け取ることができます。

- **変額個人年金保険**……株式や債券を中心に資産を運用し、その運用実績によって年金などが増減する個人年金保険で、投資リスクは個人が負うことになります。

❼貯蓄保障

- **こども保険（学資保険）**……子供の入学や進学に合わせて、祝金や満期保険金を受け取ることができます。原則として親が契約者、子どもが被保険者になって契約します。契約者が死亡した場合、以後の保険料の払い込みが免除されます。育英年金や一時金を受け取ることができるタイプもあります。

2 保険の用語

❶主契約と特約

　生命保険は、ベースとなる**主契約**の部分と、**特約**として特別の保障をつけたもの（傷害特約、災害入院特約、特定疾病特約など）で商品ができています。主契約のみでも契約ができます。

$$\boxed{\text{生命保険}} = \boxed{\text{主契約}} + \boxed{\text{特約}}$$

❷生命保険の用語

重要

保険用語を理解しましょう

① **保険契約者**

　　生命保険会社と保険契約を結び、契約上のさまざまな権利と義務を持つ人。簡単に言ってしまうと、保険料を支払う人です。

② **被保険者**

　　その人の生死・病気・ケガなどが保険の対象となっている人。被保険者が亡くなったり、病気などになることに対して保険をかけていることになります。

③ **受取人**

　　保険金・給付金・年金などを受け取る人。

④ **保険料**

　　契約者が生命保険会社に払い込むお金。

⑤ **保険金**

　　被保険者が死亡・高度障害状態のとき、または満期まで生存したときに生命保険会社から受取人に支払われるお金。なお、通常、保険金が支払われると保険契約は消滅します。

⑥ 給付金

　被保険者が入院したとき、手術をしたときなどに生命保険会社から受取人に支払われるお金。

2. 銀行による保険窓販業務

1 弊害防止措置

　保険は、保険会社の商品です。しかし、保険業法の改正により、2001（平成13）年4月、銀行等の窓口における保険商品の販売が開始されました。その後も、段階的に窓販対象商品が拡大され、2007（平成19）年12月からは、医療保険、介護保険など「第3分野」を含む**すべての保険商品が窓販対象商品**となりました。

　銀行での保険の販売にあたっては、優越的地位や影響力を行使してお客さまに損害を与えることや、公平な競争を害することを防ぎ、また預金・為替・融

銀行の保険窓販にあたっての弊害防止措置の主な内容

非公開情報の保護	銀行業務で取り扱う顧客の非公開情報を保険募集に利用すること、保険募集で取り扱う顧客の非公開情報を銀行業務に利用することが禁止される（ただし、書面等による顧客の事前同意があれば、この限りではない）。
保険募集指針の策定、公表	保険募集にかかる引受保険会社の名称の明示、保険契約の締結にあたり顧客が自主的な判断を行うために必要と認められる情報の提供その他の事項に関する指針（募集指針）を策定し、公表することが求められる。
コンプライアンス態勢の整備	保険募集業務を行う営業店ごとにコンプライアンス責任者等を配置することが求められる。
優越的地位の不当利用の禁止	貸出の条件として保険を販売するなど、その取引上の優越的地位を不当に利用して保険募集をしてはならない。
他の取引への影響の説明義務	保険業務を行うにあたって、顧客に対し、あらかじめ、保険契約の締結等が他の業務に影響を与えない旨を説明した書面を交付しなければならない。
預金との誤認防止	顧客に対し、預金等ではないことや預金保険の対象とはならないこと等について書面を交付して説明するなど、保険契約と預金等との誤認を防止する態勢を整備することが求められる。

資等の取引で得た情報を不当に保険販売に利用することを防ぐために「**弊害防止措置**」という法規制が設けられています。

たとえば、銀行の窓口で販売されているので、お客さまが保険を預金と誤認してしまうことを防止するために、銀行はしっかり説明し、その説明内容についてお客さまが理解したかどうか書面を使って確認しなければなりません。また、住宅ローン関連での保険加入に際しては、他の銀行取引等に影響がないこと（保険への加入がローン実行の条件ではないこと）について、書面を使って説明しなければなりません。

また、保険商品についても、有価証券等の勧誘・販売同様、高齢者に対する保険募集等の生命保険サービスに関するガイドラインが制定されており、ガイドラインを遵守することが求められます（97ページ参照）。

販売時のルールをしっかり守ってセールスします

2 情報提供義務・意向把握義務

昨今、少子高齢化の急速な進行などの社会情勢の変化を背景に、お客さまが保険業界や保険会社に対して求めているものが多様化するとともに新しいニーズも出現しています。また、保険の販売形態についても、保険募集チャネルの多様化や保険代理店の大型化なども進展しています。

こうしたなか、保険募集の基本的ルールとして**情報提供義務**や**意向把握義務**が導入されました。

情報提供義務	保険募集を行う際に、保険契約者・被保険者が保険契約の締結または加入の適否を判断するのに必要な情報の提供を行うことが求められる。
意向把握義務	保険を募集する際における顧客意向の把握、当該意向に沿った保険プランの提案、当該意向と当該プランの対応関係についての説明、当該意向と最終的な顧客の意向の比較と相違点の確認を行うことが求められる。

預金などの金融商品を扱ったり、お金を貸したりする立場である銀行であるからこそ、お客さまを守る仕組みがつくられているのです。

なお、保険の販売には、保険種類ごとの販売人の資格がないと携わることができませんので注意しましょう。

●まとめ●

● 本章では、お客さまが**老後などの将来や万が一の病気や事故にそなえる保険商品**の概要を学びました。

● **保険の持つ機能別**にみてみると、一家の働き手を失うなど万が一の場合の**死亡保障（遺族保障）**、病気やケガの入院費用や治療費用に対する**医療保障**、老後の生活資金にそなえる**老後・貯蓄保障**などがありました。

● 今後、自行の商品について1つひとつ勉強をしていきましょう。

● 聞き慣れないと保険用語は難しく感じるかもしれません。**保険契約者、被保険者、受取人、保険料、保険金、給付金**などの用語を理解しておきましょう。

● 保険は保険会社の商品です。**銀行で販売する際のルール**について、把握しておきましょう。

 第6章　確認テスト

問題　次の文章を読んで、正しいものには〇印を、誤っているものには×印を（　　）の中に記入しなさい。

（　　）1．終身保険は、一定の保険期間内に死亡した場合は死亡保険金を、死亡せずに満期を迎えれば同額の満期保険金を受け取ることができます。

（　　）2．特定疾病保障保険は、がん、急性心筋梗塞、脳卒中により一定の状態になったときに、死亡保険金と同額の保険金を受け取ることができます。

（　　）3．個人年金保険は、将来の年金受取りと、資産形成（運用）、死亡保障の機能をあわせ持つ商品です。

（　　）4．保険金とは、契約者が保険会社に払い込むお金のことをいいます。

（　　）5．銀行での保険の窓口販売では、医療保険などの販売は認められていません。

☞**解答は143ページ参照**

第 **7** 章

手形・小切手をつかう

●この章のねらい●

- 当座勘定契約の内容を理解する。
- 手形や小切手の役割と記載内容を把握する。
- 手形や小切手の譲渡と裏書について理解する。
- 手形交換の仕組みを理解する。
- 不渡りと取引停止処分について理解する。

　なお、2022 年 11 月 4 日、これまで全国各地で金融機関の間の手形交換を担ってきた手形交換所が電子化されることとなり、電子データで手形の交換を行う電子交換所が設立されました。従来、手形・小切手の交換業務は、人手を介して搬送していましたが、電子交換所によるイメージデータの送受信で完結するようになりました。
　さらに 2026 年度までには、手形・小切手の全面的な電子化が行われる予定です。

1. 当座勘定取引契約

1 信用調査

　お客さまは、手形もしくは小切手をつかって支払いをしたいと思ったら、取引先の銀行に出かけて**当座勘定取引契約**を結びます。

　しかし、当座勘定取引は、取引をしたいからといって誰でもできるというわけではありません。万が一、手形を使って支払いをしても、そのための資金が用意できていなかったということになると、そのお客さま自身の信用がつぶれるだけでなく、取引をした銀行の信用にも傷がつきます。そこで、銀行では**信用調査**を行い、当座勘定取引をしていただくのに心配のないお客さまかどうか審査をしてから取引を行います。

　信用調査では、申込人の資格審査、取引停止処分の有無照会、営業・資産などの調査、実地調査などを行う必要があります。お客さまから手形や小切手をつかいたいと申込みがあった場合には、上司に報告をしましょう。

2 契約の締結

　当座勘定取引契約は、**当座預金契約**（金銭消費寄託契約）と**支払委託契約**から構成されています。

❶当座預金契約

　お客さまには、当座預金口座を開設していただきます。

　当座預金は、当座勘定取引契約を締結したお客さまが振り出した小切手や約束手形、引き受けた為替手形の支払資金にあてられる**無利息**の預金です。

❷支払委託契約

　お客さまが振り出した手形・小切手の支払いは、銀行がお客さまにその都度断ることなく当座預金から行います。そこで、お客さまが銀行に支払いを委託する契約を結びます。

　銀行は、当座取引先に対して支払義務を負うことになります。

❸過 振 り

　もしもお客さまが約束手形や小切手を振り出したものの、その支払資金を準備できていなかったら、どうしたらよいでしょうか。

　支払呈示された手形・小切手の金額が、当座勘定残高（当座勘定貸越契約があるときは貸越限度額）を超える場合、例外的に支払資金を超えて支払うことを**過振り**といいます。

　この過振りをするかしないかは銀行の裁量であり、銀行には、支払資金が用意されていないのに過振りをしてまで支払う義務はありません。過振りをしない場合には、「資金不足」という理由をつけて**不渡返還**します。

不渡返還☞ p.126

　不渡返還になると、手形や小切手で支払ってもらった人は資金が回収できないわけですから困ってしまいます。ですから、このようなことにならないようなお客さまであることを、あらかじめ信用調査で確認するわけですね。

3 解　　約

　通常、預金の解約はお客さまの意思によって行います（任意解約）が、当座預金に資金が準備されていないことが頻繁にあったり、**不渡り**を 6 カ間に 2 回以上起こして電子交換所の**取引停止処分**を受け、当座勘定取引ができなくなったなどの場合には、銀行は当座勘定取引契約を解約することができます。

不渡り☞ p.125

　解約したら、銀行はお客さまに渡ししていた**手形や小切手用紙を速やかに返却**していただきます（契約が終わっているのに、手形や小切手を振り出して支払いをしては困るからです）。

2. 手形・小切手とは

1 手　　形

　手形は、「**信用の道具**」といわれています。商品を先に受け取り、手形に記載されている**支払期日（満期日）**になって代金を支払うという売買代金の延べ払いができるからです。

手形は信用の道具

　手形を受け取った人は、満期日を待たないで手形を銀行に買い取ってもらい（**手形割引**）、現金を入手することもできます。また、銀行が現金を貸し付ける場合、借用証書の代わりに、銀行を受取人、貸付金額を手形金額、弁済期日を満期日とする約束手形を借主に振り出させて貸付（**手形貸付**）をすることがあります（手形貸付と手形割引については、『学習テキスト　融資業務』に解説

されています）。

❶約束手形

　約束手形は、一定の金額の支払いを約束した有価証券です。次の約束手形の
見本をみてみましょう。

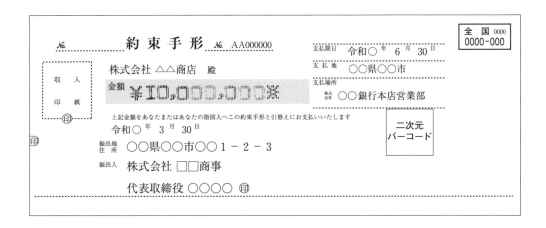

　株式会社□□商事が、株式会社△△商店宛てに、令和○年6月30日になっ
たら10,000,000円を支払うことを約束してこの約束手形を令和○年3月30日
に振り出したものです。ここでは、株式会社□□商事を手形の**振出人**、株式会
社△△商店を**受取人**、令和○年6月30日は**支払期日（満期日）**、令和○年3月

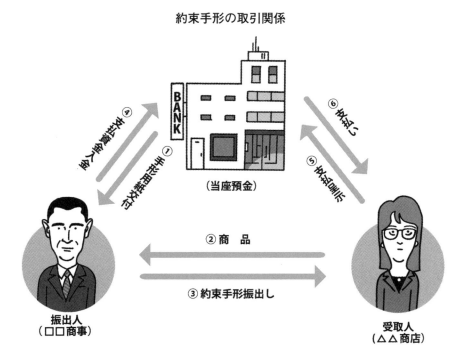

約束手形の取引関係

30 日を**振出日**といいます。

❷為替手形

　為替手形は、一定の金額の支払いを委託した有価証券です。次の為替手形の
見本をみてみましょう。

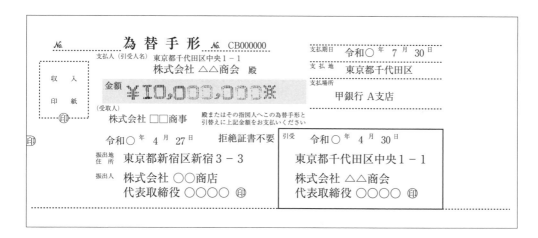

　株式会社○○商店が、令和○年 4 月 27 日に、株式会社△△商会宛てに、令
和○年 7 月 30 日になったら 10,000,000 円を株式会社□□商事に支払ってくだ
さいと振り出したものです。ここでは、振出人が株式会社○○商店、**支払人**は
株式会社△△商会、受取人が株式会社□□商事です。

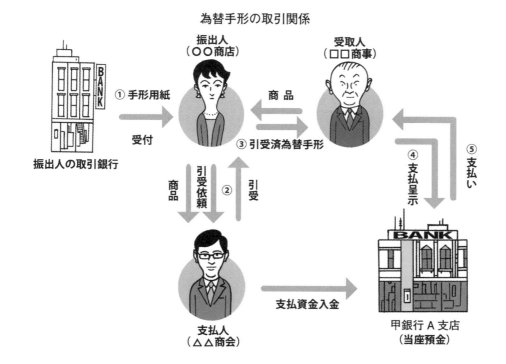

❸約束手形と為替手形の違い

約束手形が支払いを約束するものであるのに対して、為替手形は支払いを委託するものです。このことは、手形の文言を見るとわかります。約束手形には「お支払いいたします」と書いてあるのに対して、為替手形には「お支払いください」とあります。

なお、為替手形が使われるのは、貿易取引で輸出者が輸入者から代金を取り立てるために利用されるなど、ごく一部の業種に限られています。

2 小 切 手

小切手は、現金決済に代わる「**簡便な支払いの道具**」です。大きな資金を現金で支払うのには、現金の用意が大変ですし、運ぶのもかさばります。小切手なら1枚で簡単に支払いができます。

小切手は支払いの道具

小切手の見本をみてください。

令和○年○月○日に、小林太郎さんが100万円の小切手を振り出しました。手形とは異なり、相手が誰かは小切手上ではわかりません（左にある「□□商事　商品の仕入」などと記載されている部分は、小林太郎さんの控えです）。

また、手形と違って小切手には支払期日がありません。

つまり、甲銀行A支店は、小切手の**持参人**、つまりこの小切手を持ってき

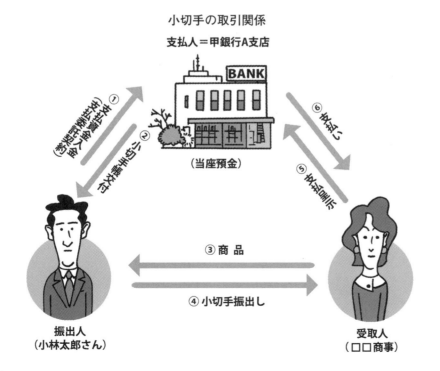

小切手の取引関係

支払人＝甲銀行A支店

① 当座勘定取引契約
（付随的な融資枠設定）

② 小切手用紙交付

⑥ 支払い

⑤ 取立呈示

（当座預金）

③ 商品

④ 小切手振出し

振出人
（小林太郎さん）

受取人
（□□商事）

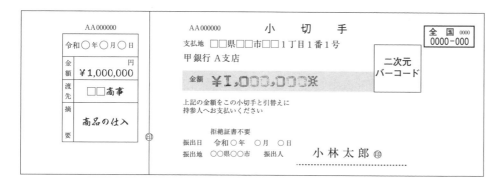

た人から支払呈示を受けたら、小林太郎さんの当座預金から支払いをします。

3. 手形・小切手用紙と必要的記載事項

1 手形・小切手用紙の交付

　銀行は、お客さまから手形・小切手用紙の請求があった場合に、**必要と認められる枚数**を実費で交付します。お客さまの要求どおりにいくらでも用紙を渡してしまうのでは、用意できる資金以上に手形や小切手を乱発されるおそれがあるので、必要な枚数だけ渡すわけです。

2 統一手形用紙制度

　手形や小切手には、これを記載しなければならないと手形法・小切手法で定められた項目があります。その記載がないと手形・小切手としての効力を生じない記載事項を**必要的記載事項**、もしくは**手形・小切手要件**といいます。

　手形法・小切手法では、必要的記載事項が完全に記載されていれば、どのような紙にどのような形式で書かれていようと、法律的には有効な手形や小切手とされます。しかし、手形・小切手を振り出す人によってサイズや文章の細かな点が違ったのでは、それが本当に有効な手形・小切手かどうか判断が難しく、受け取る人を不安にさせてしまいます。それに、金融機関の取扱いも複雑になって、スムーズな処理ができなくなります。

　そこで、金融機関の申し合わせで**統一手形・小切手用紙制度**を採用することになり、統一用紙を使用しない手形・小切手については、支払いをしないこと

としました。金融機関で交付される統一手形用紙や統一小切手用紙以外の用紙を使った手形や小切手は、金融機関で取り扱わない（支払いが受けられない）ので不便ですし、信用もないので、実際にはほとんど使われていません。

手形・小切手用紙は、電子交換所の設立にあわせて、二次元バーコード付きの新デザインに変更されています（為替手形等、一部二次元バーコード対象外の券種もあります）。なお、従来の二次元バーコードの付いていない手形・小切手も引き続き利用できます。

3 必要的記載事項

❶約束手形の必要的記載事項

①　**約束手形文句**…約束手形であることを示す文句（印刷されています）

②　**支払約束文句**…一定金額の支払いを約束する文句（印刷されています）

③　**手形金額**…支払う一定の金額を記載（金額を誤記した場合は新しい用紙を使ってもらいます）。

電子交換所では、手形・小切手の券面の情報を読み取り、電子データ化のうえ、金融機関間でイメージデータの送受信を行います。金額は、偽造や変造を防止するため、次のいずれかの方法で記します。

ⅰ．算用数字の場合：必ずチェックライターを使用します。

（金額の前に「¥」、後ろに「※」や「★」等の終止符号を印字）

ⅱ．手書きの場合：漢数字（例：壱、弐、参、拾）を使用します。

（金額の前に「金」、後ろに「円」または「円也」を記入する）

④　**支払期日（満期日）**…手形金額を支払う年月日を記載

⑤　**支払地**…支払われる地区として、最小独立行政区画を記載（印刷されて

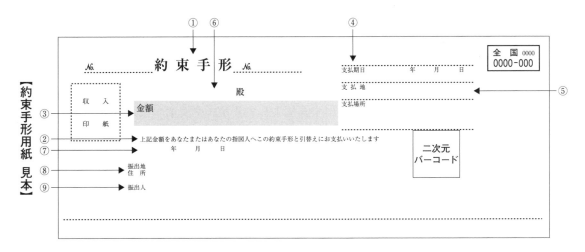

います）。なお、手形要件ではありませんが、統一手形用紙には支払地の下に「支払場所」として取引銀行名が印刷されています。

⑥　**受取人の名称**…手形を受け取る人の氏名または会社名を記載

⑦　**振出日**…振り出した年月日を記載

⑧　**振出地**…振出人の住所を記載

⑨　**振出人の署名**…振出人の自署または記名・捺印（法人の場合には、必ず会社名・代表資格・代表者名と、印章の押捺が必要です。そして、押捺する印章は、振出人が事前に支払銀行に届けている届出印でなければ、支払いを受けることはできません）

なお、金額以外の記載事項を訂正するときは、該当箇所に届出印を捺印してもらいます。その際、訂正の記入や捺印を金額欄、銀行名、二次元バーコード欄に重ねないように注意します。

❷為替手形の必要的記載事項

①　**為替手形文句**…為替手形であることを示す文句（印刷されています）

②　**支払委託文句**…振出人が支払人（第三者）に宛てて一定の金額を支払うべき単純な委託（依頼）をする文句

③～⑨　約束手形と同じ

⑩　**支払人の名称**…為替手形の支払いをする者（振出人が為替手形の支払いを委託する者が支払人）

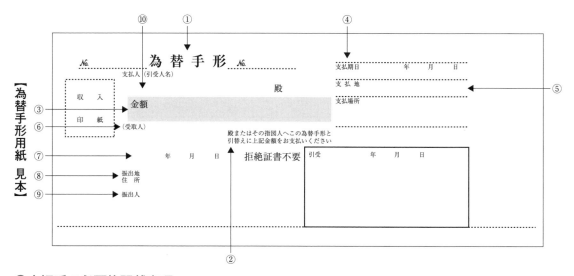

❸小切手の必要的記載事項

①　**小切手文句**…小切手であることを示す文句（印刷されています）

②　**支払委託文句**…振出人が支払人（銀行）に宛てて一定の金額を持参人へ

支払うべき単純な委託（依頼）をする文句（「**持参人払式小切手**」といいます。これに対して「持参人」の文字を2本線で消して訂正印を押し、特定の受取人を記入した小切手が「**記名式小切手**」です）

③　**小切手金額**…支払う金額を記載

④　**支払人の名称**…小切手用紙を交付した銀行（印刷されています）

⑤　**支払地**…支払人である銀行の住所（印刷されています）

⑥　**振出日**…振り出した年月日を記載

⑦　**振出地**…振出人の住む最小独立行政区域（印刷されています）

⑧　**振出人の署名**…振出人の署名（または記名）・捺印

4. 線引小切手

　小切手は持参人に支払うものが多い（「持参人」を消して受取人名を明記する小切手もあります）ので、盗難や紛失の際に正当な権利者以外に支払ってしまう可能性があります。それを防止するために、線引小切手ができました。

1 一般線引小切手

重要

　一般線引小切手とは、小切手に2本の平行線が引かれたものです。平行線の間に「銀行」あるいはそれと同一の意義を持つ文字（「銀行渡り」「Bank」など）を記載した小切手もあります。

　一般線引があると、支払銀行は、**自行の取引先**（自店だけでなく僚店の取引

先も含む）か**他金融機関**に対してだけ支払いが可能になります。こうすると、持参人が小切手の支払呈示をしても、自行の取引先なら誰なのかわかりますし、他金融機関から取立に回ってきたものならその金融機関を通して誰が呈示したかがわかりますので、持参人払いといっても、支払先がわかるわけです。

　一般線引小切手は次に出てくる特定線引小切手に変更することができますが、一度引かれた線引は抹消しても抹消がないものとみなされます。

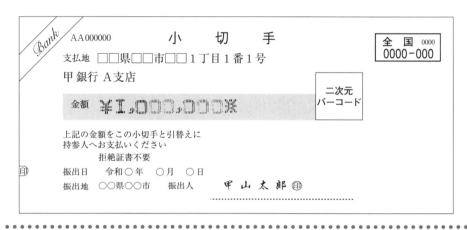

2 特定線引小切手

　特定線引小切手は、平行線の中に「特定の金融機関名（および支店名）」を記載した小切手です。

　支払銀行は、**指定された**金融機関に対してだけ支払いができ、指定された金融機関が自行のときは、**自行の取引先**に対してだけ支払いが可能です。

　一度書かれた平行線内の金融機関名は消すことはできません（特定線引小切手を一般線引小切手に変更することはできません）。線引を抹消しても、抹消がないものとみなされます。

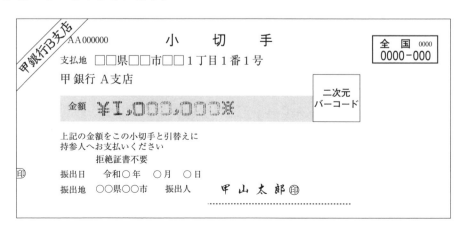

いったん線引小切手にすると、線引を抹消することができません。そこで、持参人は自分が取引する金融機関に行って、代わりに支払呈示をしてもらうことになります。そうすると、その小切手の金額が実際に使えるようになるのには数日（金融機関により日数や時間がことなります）かかってしまいますが、持参人によっては今すぐ現金がほしいという場合があります。

そこで、支払銀行の取引先でなくても、小切手の持参人に支払いが受けられるようにと考えられたものが**裏判**です。一度引かれた線引が抹消できないことに変わりはないのですが、振出人と金融機関との間で線引の効力を排除する特約を締結して、振出人が線引小切手の裏面に**金融機関届出印**を押したものは、支払銀行の取引先でなくても支払うようにしました。このことは、**当座勘定規定**に明記して契約しています。

裏判の図

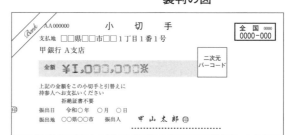

〈小切手表面〉

〈小切手裏面〉

5. 自己宛小切手・送金小切手

1 自己宛小切手

自己宛小切手は「預金小切手」または略して「預手」ともいい、金融機関が自分自身を支払人として振り出した小切手のことです。

あらかじめお客さまが持ってきた資金を預かったうえで小切手を発行しますので、確実な預貯金の裏づけがあり、不渡りになる心配がほとんどなく、支払いを確実に受けられるので、たとえば住宅を建てるときの頭金のように、高額のお支払いの際に利用されます。

　次の図は、お客さまが 100 万円を甲銀行Ａ支店に持ってきて、甲銀行Ａ店でその資金をお預かりしたうえで、自己宛小切手を発行したものです。

　お客さまは、甲銀行Ａ支店が振り出したこの自己宛小切手を資金を送金したい相手に送ります（渡します）。受け取った相手は、これを甲銀行Ａ支店で現金に換えたり、口座に入金したりすることができます。甲銀行Ａ支店が遠い場合には、最寄りの銀行を通じて甲銀行Ａ支店から取り立てることができます。

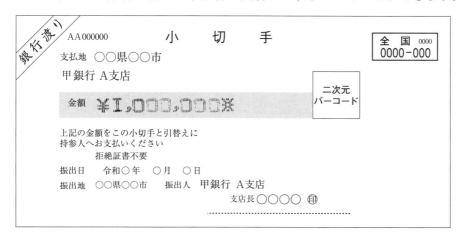

特に指定がない場合は、一般線引小切手とする取扱いが一般的です

2 送金小切手

　送金小切手は、受取人が預金口座を持っていない場合や、送金依頼人が受取人の預金口座を知らないときに利用します。お客さまから送金の依頼を受けた銀行が、送金依頼人の指定した銀行を支払人として振り出します。

　次の図は、送金をしたいお客さまが甲銀行Ａ支店で振り出してもらった送金小切手です。お客さま（依頼人）は振り出された小切手を受取人に送付し、受取人は小切手を支払人である乙銀行本店に呈示して支払いを受けます。

ただし、現在では国内の遠く離れた場所にいる人にお金を送る場合、振込が中心となっているため、送金小切手はほとんど使われていません。

6. 譲　　渡

　ここまで勉強してきたように、手形や小切手を受け取った人は、支払場所である銀行に支払呈示したり、自分の取引銀行に依頼して代わりに支払呈示をしてもらい、手形や小切手を資金化します。

　また、支払呈示の前に、受け取った手形や小切手をそのまま自分の支払いにつかうことも可能です。たとえば、A社から小切手で支払いを受けたB社が、その小切手をつかってC社に支払いをするなどです。こうすると、小切手の持主は、B社からC社に変わります。これを手形や小切手の**譲渡**といいます。

1 小切手・手形の譲渡

❶持参人払式小切手

　譲渡の合意と小切手の交付により譲渡します。簡単に言ってしまうと、支払いの相手がその小切手の支払いでいいと言ってくれたら小切手を渡すだけです。

❷記名式または指図式小切手の譲渡

　裏書により譲渡します。小切手には持参人払いのものが多いのですが、前述したように、支払委託文句の「持参人」の文字を消して、小切手の裏面に受取人の氏名を明記（署名または記名押印）した記名式小切手があります。

❸手形の譲渡

　裏書により譲渡します。手形は受取人が指定されていますので、❷と同様に支払銀行はその受取人に支払いをします。そこで受取人の変遷を裏書に記していきます。

2 裏　　書

　手形上や小切手上の権利を譲渡するために、手形や記名式小切手に**裏書**をして相手に交付します。次の見本のように、裏書人が手形裏面の「裏書欄」に署名（記名押印）をします。

この事例では、約束手形の表面をみると、株式会社□□商事が品川商事株式会社を受取人として振り出したものです。裏面をみると、品川商事株式会社は銀座電気株式会社を**被裏書人**、つまり譲渡相手としてこの約束手形を渡しています。次に、銀座電気株式会社は被裏書人を明記していませんが譲渡していることがわかります。このように本来明記する欄が空欄になっているのを**白地式裏書**といい、このような場合も裏書は連続しているものとみなされます。その後はどのような譲渡を経由してきたかわかりませんが、株式会社新宿工業がこの約束手形を手にし、やはり被裏書人は特定していませんが持参人に支払うようにして誰かに譲渡しています。

このように、空欄、持参人という記載で被裏書人を特定していない場合もありますが、裏書は**形式的に連続**していることが必要です（裏書が連続していない場合は、その手形は正式に譲渡されたものとみなされず、所持人は支払いを受けることができません）。

記名式裏書、白地式裏書、持参人払式裏書の例

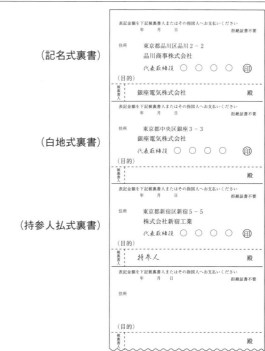

（記名式裏書）

（白地式裏書）

（持参人払式裏書）

7.　手形交換の仕組み

1 手形交換の役割

　銀行は、毎日たくさんの手形・小切手を扱っています。従来、銀行がお客さまに代わって支払呈示をする場合などには、銀行同士で直接やりとりをするのではなく、手形交換所を通じて行ってきました。毎日集まってきた手形や小切手は、参加銀行が人手によって各地域の手形交換所に搬送し（**持出**といいます）、手形交換所で支払銀行ごとに分けられ、自行のものを持ち帰っていたの

です（**持帰**<ruby>もちかえり</ruby>といいます）。

　冒頭で述べたように、2022年11月4日に電子交換所が設立され、銀行間の手形・小切手の交換業務は、電子交換所を通じたイメージデータの送受信で完結できるようになりました。

　また、手形・小切手の決済については、たとえば、Ａ銀行でお客さまから受け入れた手形の支払場所がＢ銀行だった場合に、Ａ銀行は手形の支払資金をＢ銀行からもらわなければいけないわけですが、こういった資金のやり取りを個別にやっていたら大変な事務量になってしまいます。そこで、各銀行が日本銀行に持っている当座預金によって、差額分（差額を**交換尻**といいます）だけを決済する仕組みをとっています。こうすると現金のやり取りをしないで当座預金の振替でできるので効率的です。

電子交換所における交換のイメージ図

（全国銀行協会『「電子交換所」設立のご案内』より抜粋）

② 支払いのための呈示

　小切手や支払期日の到来した手形の支払いを受けるためには、支払場所として記載されている銀行に、その小切手や手形を持ち込む必要があります。これを「**支払いのための呈示**」といいます。

　支払いのための呈示は、小切手は振出日から10日目まで（振出日を含めて11日間。最終日が銀行の休業日にあたった場合には、翌営業日まで延長されます）、手形は支払期日の翌々日まで（支払期日を含めて3日間。この3日間のうちに銀行の休業日があった場合には、その日数だけ延長されます）のうちに行わなければならないことになっています。

3 取立依頼から入金までの流れ

　電子交換所では、これまでとは違い、手形交換所に集まって手形や小切手を交換する必要がないため、全参加銀行が直接交換に参加します。

　参加銀行は、電子交換所システムにアクセスすることにより、電子交換所への手形のイメージデータのアップロード（持出）、ダウンロード（持帰）のほか、不渡情報の登録、取引停止処分者の確認等の業務を行います。

　電子交換所では、持出銀行が、原則として交換日の前営業日まで（前営業日までに持出が困難な場合は交換日当日午前8時30分まで）に手形の証券イメージを電子交換所システムに登録し、交換日が到来した場合には、持出銀行は交換日に交換所において持帰銀行に対し呈示したものとみなされる、とされています。なお、取立依頼人（入金人）から取立委任の取消し等があった場合には、交換日前営業日の午後5時まで持出の取消しが可能です。

　持帰銀行（支払銀行）は、持出銀行（取立銀行）が電子交換所システムに登録した、自行支払の手形の証券イメージおよび電子交換所システムが搭載するAI-OCR機能によって読み取られた決済に必要なデータ（証券データ）を取得し、これにより形式点検や印鑑照合等の事務を行います。持出手形が持帰銀行に呈示されたものと確認された場合には、持出銀行は、当該持出手形を自行の定めるところにより持帰銀行のために保管し、交付をしたものとみなされます。

　なお、電子交換所に持ち出した手形と持ち帰った手形の差額（交換尻）は、日本銀行当座勘定において毎営業日の午後3時に決済されます。

8. 不渡りと取引停止処分

1 不　渡　り

❶手形・小切手の不渡りとは

　「支払のための呈示」を受けた支払銀行は、その手形・小切手の振出人（為替手形の場合は引受人）の当座預金口座から、手形・小切手金額を引き落とします。

　このとき、振り出されたすべての手形・小切手に対する資金が、きちんと当

座預金に用意されていて、間違いなく支払いができればよいのですが、中には**資金不足**などの理由で支払いに応じることができない手形・小切手があります。これらを総称して**不渡手形**といいます。

❷不渡りの種類

不渡りには、大きく分けて次の3種類があります。

第1号不渡事由	次のいずれかの場合 ●当座預金残高が不足している（資金不足） ●手形・小切手が支払銀行に呈示されたが、振出人と取引がない（取引なし）
第2号不渡事由	呈示時点で資金はあるものの、支払いたくない事情があって不渡りにする場合 ●納品された品物にキズがあるなど「契約不履行」で相手に支払わない ●呈示された手形・小切手が詐取や盗難にあったもののために支払わない
0号不渡事由	呈示された手形に必要的記載事項がかけている場合など。たとえば、 ●振出人の署名が不完全なケース ●手形の呈示期間を経過しているケース

出典：全国銀行協会「手形・小切手のはなし」

2 不渡手形の返還方法

不渡事由は、不渡付箋に記載する必要がありますが、その方法は次のようになっています。

従来、不渡付箋は支払銀行が貼付していましたが、電子交換所システムでは、手形現物は持出銀行に保管されているため、持出銀行が、電子交換所に代わって、不渡返還の対象となった手形に不渡付箋を貼付することとされています。

支払銀行の持帰手形に処分対象不渡り（第1号不渡りまたは第2号不渡り）が発生した場合の電子交換所への届出（不渡返還）、電子交換所から参加銀行への不渡報告・取引停止報告の通知、当座取引にあたっての参加銀行による取引停止処分者の照会は、電子交換所システムを通じて行います。

支払銀行の処分対象不渡り発生の届出の登録期限は、その手形の交換日翌営業日の午前11時まで、参加銀行への不渡報告・取引停止報告の通知日は交換日から起算して4営業日とされています。

不渡りとなった手形は、当該手形を持ち込んだ関係先に対し、その旨すみやかに連絡すると同時に、入金取消し、買戻しなどいずれかの処理をします。

3 取引停止処分

　資金不足などの理由で6カ月間に2回以上の不渡りを出すと、その振出人は電子交換所の取引停止処分を受けます。取引停止処分の目的は、正当な事由もないのに手形・小切手の支払いを行わない取引先を排除して、手形・小切手取引の安定と信用取引の秩序の維持を図ることにあります。

　取引停止処分を受けると、取引停止処分日から2年間は当座勘定取引と貸出取引をすることができません。

　なお、不渡処分の対象となるのは第1号不渡事由と第2号不渡事由に該当する不渡りの場合だけで、0号不渡事由の場合には不渡処分になりません。また、第2号不渡事由の場合は、資金不足ではないので、手形金額と同額の金額を、支払銀行を通じて電子交換所に提供すれば、不渡処分は猶予されることになっています。これを「異議申立預託金制度」といい、最長2年間経過するとこの預託金は返還されます。

9. 電子記録債権法とでんさいネット

　電子記録債権法は、従来の手形や債権譲渡にかかるリスクやコストを削減して、売掛債権などを保有する事業者の資金調達の円滑化を図ろうとする趣旨の法律で、2008年12月に施行されました。電子記録債権とは、売掛金や手形とも異なる新しい類型の金銭債権で、電子債権記録機関が作成する記録原簿上へ電子的な記録を行うことで権利内容が定められます。

　電子記録債権の記録・管理業務は電子債権記録機関が行いますが、全国銀行協会が設立した株式会社全銀電子債権ネットワーク「でんさいネット」は、電子記録債権法に基づく新しい電子記録債権決済サービスで、従来の紙ベースの手形取引に代わり、割引、譲渡、期日決済、分割割引・分割譲渡（裏書）といった多様な債権取引がインターネットなどにより行えます。電子債権を受け取る納入企業側にとっては、売掛金を早期に資金化できるため資金繰りが改善され、額面を小口に分割する機能を活用すれば機動的な資金決済も可能となります。また、電子化により、手形の紛失・盗難のリスクや発行にかかるコスト負担も排除されます。

●まとめ●

- これまで銀行間の手形・小切手の交換業務は、人手を介して搬送していましたが、2022年11月、手形交換所が電子化されたことにより、**電子交換所によるイメージデータの送受信で完結する**ようになりました。

- お客さまが手形や小切手を使いたいと思ったら、取引先の銀行による**信用調査**を経て**当座勘定取引契約**（当座預金契約と支払委託契約）を結びます。

- 手形や小切手には、**必要的記載事項（手形要件、小切手要件）**が決まっており、お客さまは銀行から交付された**統一手形用紙・統一小切手用紙**に要件を記載して振り出します。

- 万が一、振り出した手形や小切手が、当座預金の資金不足などで支払できない場合には、**不渡手形**として受取人や持参人に返却します。

- 6カ月間に2回以上の不渡りを出すと、お客さまは**取引停止処分**を受け、2年間は当座勘定取引や貸出取引をすることができなくなります。

- 手形や小切手は、**手形法・小切手法**と**当座勘定規定**の理解が必要な取引です。徐々に勉強を深めていきましょう。

 第7章 確認テスト

問題 次の文章を読んで、正しいものには○印を、誤っているものには×印を（　　）の中に記入しなさい。

（　　）1．お客さまから手形用紙や小切手用紙の請求があったら、お客さまの希望をお聞きして、希望の枚数を交付します。

（　　）2．一般線引小切手は、自行の取引先か他金融機関だけに支払いが可能な小切手です。

（　　）3．線引小切手の線引を抹消すると、取引先以外のお客さまにも支払いができます。

（　　）4．記名式の小切手や手形を譲渡する場合には、裏書をして相手に交付します。

（　　）5．1年以内に不渡りを2回出すと、取引停止処分を受けます。

☞**解答は144ページ参照**

第 **8** 章

各種手続を行う

●この章のねらい●

- 諸届事務の内容を理解する。
- 事故届を受け付ける際のポイントを把握する。
- 相続手続の意味と概要を知る。

1. 諸届事務

　銀行で取引をしていただく際には、お客さまから氏名・住所・電話番号、生年月日、印鑑などさまざまな届出をいただいています。銀行からお客さま宛てに定期預金の満期案内を出したり、投資信託の運用状況を報告したり、銀行からお客さまにご連絡する機会も多々ありますので、安全で確実な取引をいただくために、お客さま情報をいただくわけです。

　結婚や引越しなどで氏名・住所・電話番号などが変わったとき、届出の印章や通帳・キャッシュカードなどを紛失してしまったときなどは、お客さまにその旨を届け出ていただきます。

　つまり、諸届とは、取引に関連して銀行に連絡しておかなければならない事実が発生した場合に、お客さまから銀行に対して通知される届出のことをいいます。

1 諸届の種類

　届出の種類は、大きく2つに分類できます。1つは**一般諸届**で、主にお客さまの意思によって変更手続などをする場合の届出です。2つ目は**事故届**で、届出印や通帳などが見つからないときの紛失届などです。

届出には、一般諸届と事故届があります

❶一般諸届

　一般諸届には、次のような届出があります。

① **変更届**

- 引っ越しで住所変更する場合、結婚で名義変更する場合、会社の代表者変更をする場合など。

② **改印届**

- 印章が摩滅して苗字が判読できない場合等には、改印していただきます。
- また結婚で名義変更し、取引につかう印章も変更するときには、名義変更届と一緒に届け出ていただきます。

③ **キャッシュカード再発行届**

- キャッシュカードが破損してしまったり、何らかの事情で使えなくなったときに、再発行手続をとっていただきます。

- 結婚で名義変更した場合にもキャッシュカードの苗字のエンボスが変わりますので、再発行します。ただし、一般的にシステム上は、古いエンボスのままでもキャッシュカードはそのまま使うことができますので、特にお客さまの希望がなければそのままお使いいただく銀行もあるようです。自行のルールを確認しましょう。　◄◄ 要確認！

④　代理人届

- 本書の最初に勉強した、取引者本人に代わって代理人の氏名と届出印で取引ができる代理人に関する届出です。代理人選任届、代理人解任届、代理人変更届、代理人改印届などを、必要がある都度、取引者ご本人からいただきます。

❷事 故 届

　通帳や証書、キャッシュカード、お取引に使っている印章、手形や小切手などをなくしたような場合には、事故届（喪失届）を届け出ていただきます。盗難や外での紛失などの場合には、第三者の手に渡っている可能性があるので、悪用される前に迅速に手続を行う必要があります。

② 一般諸届受付のポイント

❶住所変更、名義変更

　届出の印章と通帳等によってご本人であることを**確認**してから、コンピュータ上のお客さまの属性を変更し、印鑑票等に変更の記録を行います。

　確認方法や変更の事実を確認する方法は、銀行によって事務手続が異なりますので、自行の方法を確認しましょう。　◄◄ 要確認！

　名義変更の場合は、通帳、証書、キャッシュカードなどを変更後の氏名で再発行する必要があるので、変更届の受理と同時にこれらの再発行手続をします。

　また、単に手続をするだけでなく、通帳を拝見して公共料金の利用状況等の取引内容を確認し、収納機関への変更届も忘れないようにアドバイスすることも大切なお客さま応対のひとつです。　お客さまへのアドバイスも忘れずに

❷改 印 届

　印章の磨滅や氏名変更等、お客さまの都合による改印（**都合改印**といいます）の場合には、変更前の印章と通帳等により本人確認を行います。ただし、変更前の印章が磨滅していて印鑑照合できない場合には、別に運転免許証等の本人確認資料の提出を受けます。こちらも、本人確認方法は、銀行によって事務手続が異なりますので、自行のルールを確認しましょう。　◄◄ 要確認！

融資取引をしているお客さまについては、実印による取引が原則なので、印鑑証明により実印が変更されていることを確認しなければなりません。

❸キャッシュカードの再発行

キャッシュカードは発行手続後、お客さまのお届け住所に届くまでに1週間程度かかるので、それまでの間は旧キャッシュカードをご利用いただきます。

一般的には、お客さまの手元に届きATMで1回取引をすると、そのときからシステムが新しいキャッシュカードの利用が始まったと認識し、旧キャッシュカードは使えなくなるというシステムの銀行が多いようです。

新しいものが届いたら速やかにお使いいただき、旧キャッシュカードにはハサミを入れて破棄するよう、お客さまにアドバイスすることも重要です。

他人の手に渡って悪用されることを防ぎます

❹代理人届

代理人届を提出いただく際には、取引者本人から出してもらうこと、代理人が行う取引を具体的に記入してもらうことなどが必要です。なぜ代理人が取引をするのかなど、代理人取引を開始する理由をお客さまに確認する必要もありますので、上司に報告・相談しましょう。

3 事故届受付のポイント

❶通帳・証書、キャッシュカードや印章の喪失届

喪失届の受付は、とても難しい事務の1つです。しかし、電話で喪失の連絡をしてくるお客さまも多いので、新入行員からベテラン行員まで、特に後方担当者と呼ばれる預金担当者が誰でも受け付ける可能性のある届出です。よくわからないからとまごついている間に、喪失したキャッシュカードなどが第三者に悪用され多額の資金を引き出されては、銀行の責任問題に発展しかねません。

迅速な対応を心がけるとともに、手に負えそうもないときには先輩や上司に相談するようにします。

 重要

❷電話での事故届事例

ここでは、キャッシュカード喪失届の受付ポイントをみてみましょう。

　　　　　♪ルルルルルル…♪

後方担当「ありがとうございます、○○銀行△△支店田中でございます」

お客さま「あのー、キャッシュカードをなくしたみたいなんですけれど……」

後方担当「かしこまりました。失礼ですが、<u>フルネームでお名前と、念のため生年月日とご住所、電話番号を教えていただけますでしょうか（①）</u>」

お客さま「小泉ひかり、○年○月○日生まれ、住所は××市……（住所をい

う）……です」

後方担当「ありがとうございます、小泉ひかりさまでいらっしゃいますね。紛失されたキャッシュカードの口座番号はおわかりになりますか」

お客さま「それが、出先なので……。買い物の途中でお財布をすられちゃったみたいなんです」

後方担当「それは大変でしたね。**そちらのお口座は、お給料のお受取りなどどのようにお使いいただいていた口座でしょうか**（②）」

お客さま「わたしのお給料が入っていたし、クレジットカードの引落しもしてました」

後方担当「かしこまりました。それでは、こちらでお調べして、キャッシュカードが使われてしまわないように、いったん**取引を停止します**（③）。お電話このままでお待ちいただけますでしょうか」

お客さま「はい、お願いします」

（後方担当は、氏名と生年月日、住所で本人確認をして口座番号と取引内容を調べ、キャッシュカード取引停止の入力をする。あわせて、残高と直近のキャッシュカード取引を確認する）

後方担当「小泉さま、お待たせいたしました。○時○分、キャッシュカード取引停止のお手続をいたしました。おおよそで結構ですので、**残高がいくらくらいか覚えていらっしゃいますか？　もしくは最後にキャッシュカードを利用いただいたのは？**（④）」

お客さま「えっと、残高は50万円くらい入っていたと思います。水曜日にATMで3万円おろしました」

後方担当「ありがとうございます。よかったです。キャッシュカードは悪用されていませんでした」

お客さま「あー、よかった！」

後方担当「よかったです。小泉さま、**他に一緒になくされたものはございませんか？　クレジットカードなどはお財布に一緒に入っていなかったでしょうか？**（⑤）」

お客さま「入ってました」

後方担当「それでは、こちらの電話が終わりましたら、クレジットカード会社へのお届けもすぐになさってください」

お客さま「はい、そうします」

後方担当「それでは、本日は喪失の受付をさせていただき、<u>キャッシュカード</u>

での取引を停止いたしました。こちらの口座からの入出金が必要なときは、窓口での取引をお願いいたします。なお、お給料のお受取りなどは引き続きできますのでご安心ください（⑥）」

お客さま「はい」

後方担当「キャッシュカードがみつからず<u>再発行する場合には、お手数ですがご来店いただいてお手続</u>（⑦）をお願いしたいのですが……」

お客さま「大丈夫です。わたしは水曜日が休みなので、今度の水曜日に行きます」

後方担当「ありがとうございます。小泉さま、ご本人さまの確認書類、免許証はお持ちですか？」

お客さま「あります」

後方担当「ありがとうございます。それでは、ご来店の際には、免許証とお通帳、お届印をお持ちください」

お客さま「わかりました」

後方担当「わたくし、本日の手続をお受けしました<u>田中と申します</u>（⑧）。どうぞよろしくお願いいたします」

お客さま「お世話になりました」

後方担当「お届け、ありがとうございました。失礼いたします」

❸事故届受付のポイント

① 本人確認をする

後方担当「かしこまりました。失礼ですが、<u>フルネームでお名前と、念のため生年月日とご住所、電話番号を教えていただけますでしょうか</u>」

➡電話での本人確認は、声だけでの確認になるので完璧にできるわけではありませんが、生年月日・住所や電話番号等、お届け事項をお聞きしてこれらが一致しているかで行うとよいでしょう。ただお聞きすると「銀行にはもう届けてあるだろう」と言われてしまう懸念がありますので、「念のため」などことばを添えるのも1つの方法です。

② 口座を調べる

後方担当「それは大変でしたね。<u>そちらのお口座は、お給料のお受取りなどどのようにお使いいただいていた口座でしょうか</u>」

➡お客さまご自身が口座番号を答えていただけるのがよいのですが、わからない場合には、どのような取引に使っていた口座だったのか、総合口座なのか普通預金口座なのかなど、口座を特定できる情報をお聞きします。

③　取引停止の入力

後方担当「かしこまりました。それでは、こちらでお調べして、キャッシュカ
　　　　ードが使われてしまわないように、いったん<u>取引を停止いたします</u>。
　　　　このままお電話をお待ちいただけますでしょうか」

　　➡この<u>取引停止の入力は、迅速に行うことが大切です</u>。なくしたときの状況
　　　などをいろいろお話くださるお客さまもいらっしゃいますが、「○○さま、
　　　後ほど状況などをゆっくりおうかがいします。悪用されてはいけませんの
　　　で、まずは取引を停止させていただきます」などと説明して、迅速に入力
　　　します。

④　残高などの確認

後方担当「小泉さま、お待たせいたしました。○時○分、キャッシュカード取
　　　　引停止のお手続をいたしました。おおよそで結構ですので、<u>残高がい
　　　　くらくらいか覚えていらっしゃいますか？　もしくは最後にキャッシ
　　　　ュカードを利用いただいたのは？</u>」

　　➡担当者はお客さまからうかがうまでもなく、端末で残高等の確認をするの
　　　ですが、ここでお客さまにお聞きすることで、本人確認の精度も上がりま
　　　す。

⑤　他の喪失物のアドバイス

後方担当「よかったです。小泉さま、<u>他に一緒になくされたものはございませ
　　　　んか？　クレジットカードなどはお財布に一緒に入っていなかったで
　　　　しょうか？</u>」

　　➡1 つの手続を受けたからそれだけに従事するのではなく、取引状況などか
　　　らアドバイスしましょう。

⑥　停止した取引と可能な取引の説明

後方担当「それでは、本日は喪失の仮の受付をさせていただき、<u>キャッシュカ
　　　　ードでの取引を停止いたしました</u>。<u>こちらの口座からの入出金が必要
　　　　なときは、窓口での取引をお願いいたします。なお、お給料のお受取
　　　　りなどは引き続きできますのでご安心ください</u>」

　　➡ただ単に「取引ができないようにしました」とお伝えすると、お客さまは
　　　「お金がおろせなくては困る」と思ってしまいます。喪失届によって止め
　　　た取引とできる取引をきちんと説明しておきましょう。

⑦　再発行届の説明

後方担当「キャッシュカードがみつからず<u>再発行する場合には、お手数ですが
　　　　ご来店いただいてお手続</u>をお願いしたいのですが……」

迅速な手続が求めら
れます

止めた取引と可能な
取引をきちんと説明

135

➡再発行届は原則的に、来店して受け付けるものです（届出によっては郵送で受け付ける銀行もありますので、自行の事務取扱いを確認しましょう）。 ◀◀要確認！
何を持ってご来店いただくか、手続がスムーズにいくようにアドバイスします。

⑧ 自分を名乗る

後方担当「わたくし、本日の手続をお受けしました**田中と申します**。どうぞよろしくお願いいたします」

➡最初に名前を名乗って電話をとった場合でも、最後に担当した自分は誰だったのか、きちんと**名乗りましょう**。

4 発見届や喪失後の改印・再発行届受付のポイント

❶発見届

喪失したものがみつかったら発見届を提出していただきます。一般的には、通帳・証書、届出印、見つかったものと本人確認書類を持参していただきます。こちらも自行の取扱いを確認してください。 ◀◀要確認！

発見届は、喪失届を出した人が発見したと届け出ているか、**本人確認が重要**です。

❷喪失後の改印・再発行届

喪失した物がみつからない場合に、再発行依頼や新しい印鑑を届け出ていただきます。喪失と同時に再発行の手続を受ける銀行もあれば、少し間をおいてその間に探していただくようにしている銀行もありますので、自行のルールを確認しましょう。 ◀◀要確認！

正当な取引者が再発行や改印を依頼しているのか、**本人確認が重要**です。

2. 相続手続

お客さまが亡くなると、そのお客さまの預金等は相続人のものとなり、亡くなった**被相続人**の名前や届出印では取引ができません。相続人が被相続人の財産についての権利と義務を引き継ぐため、銀行はお客さまの死亡の事実を知ったら、一度被相続人の預金等の取引を止め、正当な相続人が相続手続を済ませるまで、きちんと被相続人の預金等をお預かりします。

　死亡の事実を知るきっかけは、窓口に被相続人のご家族等が来店され「父が亡くなったので手続をしたい」とおっしゃる場合もあれば、外回りの渉外担当者が葬儀を目にして知ることもあります。

　相続手続は難しい事務ですが、お客さまが来店して死亡の事実を知るケースでは、誰が受付をするかわかりません。相続手続の詳しい説明は上司に引き継ぐにしても、最初の受付はしっかりと対応できるようしておきましょう。

1 法定相続人と法定相続分

　亡くなった人（被相続人）の財産などを相続する権利がある人の範囲（**法定相続人**）や、それぞれの相続人が相続する割合（**法定相続分**）は、民法で次のとおり定められています。

❶法定相続人

　被相続人に配偶者がいれば、**配偶者は必ず相続人**になります。あとは、次の①～③の順に当てはまる人が相続人になります。

　① **第一順位（子)**

　　被相続人に子がいれば、**子が相続人**になります。子が先立って亡くなっていて、孫がいる場合には、孫が子の相続権を受け継ぎます（これを代襲相続といいます）。なお、非嫡出子（婚外子）であっても、嫡出子（婚姻関係にある男女の間に生まれた子）と相続割合は同じです。

　② **第二順位（直系尊属)**

　　被相続人に子がおらず父母がいれば、父母が相続人になります。父母が亡くなっていて、祖父母がいれば、祖父母が相続人になります。

　③ **第三順位（兄弟姉妹)**

　　被相続人に子や直系尊属（父母や祖父母）がおらず兄弟姉妹がいれば、兄弟姉妹が相続人になります。兄弟姉妹が亡くなっていて、甥や姪がいれば、甥や姪が兄弟姉妹の相続権を引き継ぎ代襲相続します。

　なお、相続を放棄した人は、初めから相続人でなかったものとされます。また、内縁関係の人は、相続人に含まれません。

❷法定相続分

　① **配偶者と子が相続人である場合**

　　配偶者1/2　　子（2人以上のときは全員で）1/2

　② **配偶者と直系尊属が相続人である場合**

　　配偶者2/3　　直系尊属（2人以上のときは全員で）1/3

③ 配偶者と兄弟姉妹が相続人である場合

配偶者 3/4　　　兄弟姉妹（2人以上のときは全員で）1/4

　なお、子、直系尊属、兄弟姉妹がそれぞれ2人以上いるときは、原則として均等に分けます。また、法定相続分は、相続人の間で遺産分割の合意ができなかったときの遺産の取り分の目安を定めたものであり、必ずこの相続分で遺産の分割をしなければならないわけではありません。

・・・

2 相続手続

・・・

　基本的に相続手続は、相続人が誰であるかを確認するための**戸籍謄本**、相続人の**実印による相続書類**と実印の確認をするための**印鑑登録証明書**の提出を受けて行います。しかし、手続のルールや書類は銀行によって異なりますし、実際の相続手続は役席者が行うルールの銀行もありますので、それぞれ自行のやり方を確認しましょう。　　　　　　　　　　　　　　　　　　　　　　◀ 要確認！

　ここでは、相続に対する考え方をまとめます。

❶取引先死亡の登録（口座の取引停止）

　お客さまが亡くなったことを知ったら、**死亡の事実を登録**します（銀行によって、事故注意情報というような名前で登録コード：取引先死亡などがありますので確認しておきましょう）。これによって、そのお客さまの口座が取引停止されます。

❷相続手続前の諸手続

① 　口座振替の継続依頼

- 亡くなったお客さまが公共料金などの口座引落しをしている場合、取引先死亡の登録をすることを相続人に説明する際に、口座振替の変更手続を依頼します。しかし、相続人から「いますぐ取引を止められると困る。葬儀などでバタバタしているから、当面の間、公共料金の引き落としは続けて行って欲しい」という要望をいただくことがあります。

- この要望を受けるかどうかは銀行のルールによって異なりますが、依頼を受ける場合には、お客さまが生存中に出した口座振替依頼は、亡くなったことにより自動的に終了するので、改めて、相続人から「口座振替依頼書」をいただきます。

② 　遺産分割前の相続預金の払戻し制度

- 相続手続の前でも、お客さまから「取り急ぎ、被相続人の葬儀費用を支払わなければならないので、被相続人の口座から預金をおろしたい」という

要望を受けることがあります。しかし従来、被相続人の預金は遺された遺産分割の対象となり、遺産分割までの間は、相続人全員でおろしたいという意思を共同して表さなければならず、配偶者等の一部の相続人が当面の生活費や葬儀費用に充てるため払い戻すことは認められませんでした。

- それでは葬儀費用や医療費等の急ぎの支払いに困るという事態が起こるので、2018 年 7 月に民法が改正されて、2019 年 7 月 1 日から、相続預金の払戻しをすることができるようになりました。各相続人は、相続預金のうち相続開始時の預金額の 3 分の 1 に払戻しをする相続人の法定相続分を乗じた額（銀行ごとに 150 万円を限度とする）については、単独で払戻しができるようになりました。

相続預金の払戻しをするためには、本人確認書類に加え、おおむね以下の書類が必要となります。

- 被相続人の除籍謄本、戸籍謄本または全部事項証明書
- 相続人全員の戸籍謄本または全部事項証明書
- 預金の払戻しを希望する人の印鑑登録証明書

③　**残高証明書の発行依頼**

- 家族で相続財産を分けるにあたって、被相続人がどのくらいのお金を遺したのか知りたいという要望があります。
- 亡くなったとはいえ、大切なお客さま情報ですから、誰にでも教えてよいわけではなく、相続財産の権利者である相続人からの申し出の場合に応じます。

❸ **相続手続**

①　**共同相続人全員への払戻し**

- まだ誰がどの財産を相続するか決まっていない場合には、銀行は、権利者である**相続人全員に対して払戻し**をするので、後は関係者で話し合って分けてくださいという手続です。相続人全員が署名し、実印を押した相続手続書類を提出していただきます。

②　**遺産分割協議書による払戻し、名義変更**

- 相続人全員で、相続財産の分け方を話し合い、内容をまとめたものを**遺産分割協議書**といいます。
- 遺産分割協議書の中で、Ａ銀行のこの口座は誰が相続するなど、口座の相続人が特定されていれば、特定された相続人が署名し、実印を押した相続手続書類と遺産分割協議書で手続をしていただきます。

③ **遺言書による払戻し、名義変更**

● 亡くなったお客さまが**遺言書**（法律用語では「いごんしょ」と読みます）を遺しており、相続人など関係者が遺言書のとおりに相続したいという申し出があれば、遺言書により財産の遺贈を受ける人（**受遺者**といいます）が署名し、実印を押した相続手続書類と遺言書で手続をしていただくのが ◂◂ **要確認！**
一般的ですが、自店のルールを確認しておきましょう。

3 相続手続受付時のお客さま応対

❶相続手続受付時の流れ

自動窓口受付システム「♪ピンポン♪　〇番でお待ちのお客さま〜、△番の窓口へどうぞ〜」

テ ラ ー「お待たせいたしました、いらっしゃいませ」

お客さま「あの…父が亡くなったものですから、手続をしようと思って……」

テ ラ ー「お父さまが亡くなられたのですね。**お悔やみ申し上げます（①）**」

お客さま「ありがとう」

テ ラ ー「恐れ入りますが、**お父さまのお名前と、お客さまのお名前を教えていただけますでしょうか（②）**」

お客さま「父は山本一郎、わたしは森谷靖子です」

テ ラ ー「ありがとうございます。また、お父さまには**これまでのお取引をありがとうございました（③）**。森谷さま、お父さまが亡くなられたということで、これからはお父さま、**山本一郎さまのお名前と届出印での取引ではなく、相続人さまに相続の手続をおとりいただきます（④）**」

お客さま「あら、今日は父の葬儀費用を払いたいと思って、通帳とハンコを持ってきたのだけれど、お金はおろせないの？」

テ ラ ー「かしこまりました。それでは、相続手続と葬儀費用の払戻しについては、上の者からご案内いたしますので、おかけになって少々お待ちいただけますでしょうか」

　　　　　（この後、テラーは、被相続人の氏名、来店者の氏名と被相続人との続柄、葬儀費用の払戻しをしたい希望がある旨をメモした用紙を渡して、**役席者にお客さまへの説明を依頼しました（⑤）**）

❷相続手続受付時のポイント

① お悔やみの挨拶

テ ラ ー「お父さまが亡くなられたのですね。**お悔やみ申し上げます**」

➡お客さまの死亡を知ったときには、きちんと「（この度は）お悔やみ申し上げます」「（この度は）ご愁傷さまでございます」などの**お悔やみの挨拶**をいいましょう。日常の挨拶以上に丁寧に頭を下げて、このときだけは笑顔ではいけません。

 重要
きちんとお悔やみの挨拶をいいます

② 亡くなられたお客さまと来店者の氏名と続柄（つづきがら）の確認

テ ラ ー「恐れ入りますが、**お父さまのお名前と、お客さまのお名前を教えていただけますでしょうか**」

➡ここでは、はじめにお客さまが「父が亡くなった」とおっしゃったので、続柄（ご本人との関係）はお聞きしませんでしたが、わからない場合にはお客さまに尋ねます。

③ これまでの取引のお礼

テ ラ ー「お父さまには**これまでのお取引をありがとうございました**」

➡亡くなられたお客さまの**生前の取引に対するお礼**は、どこかできちんと言いましょう。

④ 今後の手続の案内

テ ラ ー「森谷さま、お父さまが亡くなられたということで、これからはお父さま、**山本一郎さまのお名前と届出印での取引ではなく、相続人さまに相続の手続をおとりいただきます**」

➡今後の取引についてきちんと説明します。被相続人の名義・届出印での取引ではなく、「相続」手続をとっていただくことをご理解いただきましょう。

⑤ 上司への取次ぎ

（この後、テラーは、**被相続人の氏名、来店者の氏名**と被相続人との**続柄、葬儀費用の払戻しをしたい希望がある旨**をメモした用紙を渡して、**役席者にお客さまへの説明を依頼しました**）

➡相続手続は、**上司への報告**が必要な取引です。また、このケースのように上司に説明を取次ぐときには、少なくとも、亡くなったお客さまの氏名、来店者の氏名を伝えるようにしましょう。

重要
上司がスムーズにお客さま対応に入れるように、必要事項を報告します

●まとめ●

- 諸届事務は難しい事務の1つですが、基本的な意味をしっかりと把握し、何度もお客さまに足を運ばせたりすることがないように、自行の事務手続を確認しておきましょう。

- 氏名や住所などの**変更届**、キャッシュカードや届出印が使えなくなってしまったときの**再発行や改印届**などは、取引者ご本人からの申し出で受け付けます。郵送で受け付ける銀行もありますので、窓口での受付とともに、内容を確認しておきましょう。

- 通帳・証書やキャッシュカード、お取引に使っている印章をなくした場合の喪失届は、第三者に使われることがないよう**迅速な事故登録が必要な事故届**です。受付のポイントを把握して自分で応対できることも必要ですが、初めのうちは、上司や先輩に迅速に引き継ぐことも大切です。

- 相続手続は、役席者が対応するルールの銀行も多いですが、その場合でも最初の受付は新入行員でもやる可能性があります。**相続の意味と概要を知り、受付のポイントを把握して、お客さまの心情に配慮した応対と上司への確実な引継ぎ**ができるようにしましょう。

 第8章　確認テスト

問題　次の文章を読んで、正しいものには〇印を、誤っているものには×印を（　　）の中に記入しなさい。

（　　）1．代理人届は、取引者本人または代理人に提出してもらいます。

（　　）2．住所変更届などの諸届を受け付ける際に、通帳にクレジットカードの引落し記録があったら、そちらの住所変更も届け出るようにアドバイスします。

（　　）3．第一順位で相続人になるのは、兄弟姉妹です。

（　　）4．被相続人の預金の残高証明書は、ご家族であれば、誰からの申し出でも受け付けてよいことになっています。

（　　）5．相続手続は、遺言書の有無にかかわらず、相続人全員の実印押印による相続手続書類がないと行うことができません。

☞解答は144ページ参照

確認テスト●解答

第1章　口座をひらく

1．（×）　総合口座取引や貸出取引などは、未成年者とは行いません。p.11 参照

2．（○）　p.18 参照

3．（×）　原則的に、伝票はお客さまご自身に記入していただきます。p.19・20 参照

4．（○）　p.24 参照

5．（○）　p.36 参照

第2章　口座をつかう

1．（×）　取引内容を復唱確認することは大切ですが、金額は他のお客さまに聞こえないように配慮し、伝票をさして「こちらの金額ですね」などの言い方をします。p.41 参照

2．（×）　お客さまの気分を害さないよう、丁寧に資金原資をお聞きします。p.41 参照

3．（×）　回答を強要するのではなく、さりげなく使金使途を確認させていただくことが重要です。p.43 参照

4．（○）　p.45・46 参照

5．（○）　p.47 参照

第3章　銀行を便利につかう

1．（○）　p.51 参照

2．（○）　p.52 参照

3．（×）　お客さまの依頼で振込を取り消すときには、組戻しの手続をとります。p.53・54 参照

4．（○）　p.58 参照

5．（×）　両替を行う場合には、取引内容、受け入れる現金の確認、手数料などに注意します。p.60 参照

第4章　お金を有効に管理する

1．（×）　インフレになると、通貨の価値は低くなってしまいます。p.67 参照

2．（×）　投資の世界では、リスクとは収益の幅（リターンの振れ幅）のことをいいます。p.68 参照

3．（○）　p.69 参照

4．（×）　非課税となるのは、国債および地方債の額面の合計額が 350 万円までの利子です。p.71 参照

5．（○）　p.72・73 参照

第5章　お金をためる・ふやす

1．（○）　p.79 参照

2．（×）　個人向け国債の 3 年ものは、固定金利商品です。p.82・83 参照

3．（×）　外貨預金は、円安になったときに収益を得られます。p.84・85 参照

4．（○）　p.93 参照

5．（×）　消費者契約法は、事業者に不当な勧誘行為などがあったときに、消費者に契約の取消しを認める法律です。p.95 参照

第6章　将来にそなえる

1．（×）　一定の保険期間内に死亡した場合は死亡保険金を、死亡せずに満期を迎えれば同額の満期保険金を受け取ることができるのは、養老保険です。p.102 参照

2．（○）　p.103 参照

3．（○）　p.104 参照

4．（×）　契約者が保険会社に払い込むお金は、保険料です。p.105 参照

5．（×）　すべての保険商品が窓販対象商品となっています。p.106 参照

第7章　手形・小切手をつかう

1．（×）　お客さまの要求どおりにいくらでも用紙を渡してしまうと、用意できる資金以上に手形や小切手を乱発してしまうおそれがあるので、必要と認められる枚数だけ渡します。p.115 参照

2．（○）　p.118・119 参照

3．（×）　一度引かれた線引は抹消できません。ただし、振出人が線引小切手の裏面に金融機関届出印を押したものは、振出人と金融機関との間で線引の効力を排除する特約により、取引先でなくても支払うことができます。p.119・120 参照

4．（○）　p.122・123 参照

5．（×）　6カ月間に2回以上の不渡りを出すと、取引停止処分を受けます。p.127 参照

第8章　各種手続を行う

1．（×）　代理人届は、取引者本人から出してもらいます。p.131 参照

2．（○）　p.131 参照

3．（×）　被相続人に子がいれば、子が第一順位の相続人になります。p.137 参照

4．（×）　正当な権利者である相続人だということを確認してから申し出に応じます。p.139 参照

5．（×）　遺産分割協議書がある場合、遺言書がある場合などケースによって手続をする人は異なります。p.139 参照

新訂 学習テキスト 預金・為替業務

2011 年 4 月 15 日　初版第 1 刷発行
2023 年 12 月 25 日　新訂第 1 刷発行

著　者　細　田　恵　子
発行者　延　對　寺　哲
発行所　株式会社 ビジネス教育出版社

〒 102 - 0074　東京都千代田区九段南 4−7−13
電話 03（3221）5361（代表）／FAX 03（3222）7878
E-mail ▶ info@bks.co.jp URL ▶ https://www.bks.co.jp

落丁・乱丁はお取り替えします。　　印刷・製本／シナノ印刷㈱

ISBN978-4-8283-1033-6